# Correndo pelo fio da navalha

# Correndo pelo fio da navalha

Textos sobre espiritualidade por
Swami Ramakrishnananda Puri

Mata Amritanandamayi Center, San Ramon
Califórnia, Estados Unidos

# Correndo pelo fio da navalha

Textos sobre espiritualidade por Swami Ramakrishnananda Puri

Publicado por:
Mata Amritanandamayi Center
P.O. Box 613
San Ramon, CA 94583
Estados Unidos

————— *Racing along the Razor's Edge (Portuguese)* —————

Primeira edição em português por MA Centro: abril 2016

No Brasil: www.ammabrasil.org
Em Portugal: www.ammaportugal.org
Em Índia:
    www.amritapuri.org
    inform@amritapuri.org

sarva śruti śiroratna
virājita padāmbujaḥ
vedāntāmbuja sūryo yaḥ
tasmai śrī gurave namaḥ

*Os pés de lótus do guru brilham como as pedras preciosas*
*que são as revelações das escrituras.*
*O guru é o sol que faz brotar o lótus da sabedoria védica.*
*Eu me prostro diante desse guru.*

*Guru Gita* 5:68

Humilde oferta aos pés de lótus da minha amada satguru,
Sri Mata Amritanandamayi

# Índice

# Prefácio

uttiṣṭhata jāgrata
prāpya varānnibodhata
ksurasya dhārā niśitā duratyayā
durgaṁ pathastat kavayo vadanti

*Erga-se, acorde, aproxime-se dos grandes mestres e ilumine-se.*
*O caminho é árduo, tão difícil quando caminhar*
*sobre o fio afiado de uma lâmina, assim diz o sábio.*

*Katha Upanishad,* Capítulo I, Canto 3, Verso 14

Esse verso das escrituras hindus é uma descrição apropriada a qualquer caminho espiritual. Mesmo existindo milhões de aspirantes espirituais em todo o mundo, sabe-se que somente alguns atingem a meta. É muito difícil para uma pessoa na sociedade moderna nadar contra o oceano de prazeres dos sentidos e desejos materiais. Mergulhar de cabeça na espiritualidade após ler alguns livros é como uma criança tentar fazer em si mesma uma cirurgia com uma faca afiada. Entretanto, não é necessário se desencorajar, já que o crescimento que adquirimos ao longo desse caminho é sempre valioso, independentemente da distância que tenhamos que atravessar.

Felizmente, a graça de Deus encarnou na Terra em uma forma maternal para nos conduzir através da escuridão. Conhecida entre Seus filhos como Amma ou Mãe, Sri Mata Amritanandamayi nos ensina a técnica de caminhar pelo fio da navalha (o caminho espiritual) sem nos cortarmos ou cairmos. Com a ajuda e orientação amorosa de um mestre misericordioso e supremo como a Amma, podemos até correr pelo caminho espiritual.

Os fundamentos da delicada arte de se equilibrar entre a espiritualidade e a vida terrena são fornecidos nesse livro. É individual a apreciação se esse livro destina-se a um aspirante avançado em um monastério ou a alguém que é totalmente desinteressado da espiritualidade. Esse livro foi escrito principalmente para aqueles que desejam usufruir da paz e alegria interiores vivendo plenamente em sociedade.

Desejo que aproveitem esse livro e que sejam abençoados com um intenso desejo da presença interior da Mãe eterna.

Swami Ramakrishnananda Puri
Amritapuri, 27 de Setembro 2003

# Sri Mata Amritanandamayi: introdução

*"Uma corrente contínua de Amor flui de Mim para todos os seres no cosmo. Essa é Minha natureza inata."*

– Amma

No estado de Kerala, Sul da Índia, em uma península entre o Mar Arábico e os remansos de Kayamkulam, está o *ashram* de Amritapuri, santificado pela presença de Sri Mata Amritanandamayi, a Divina Mãe e *satguru* venerada por milhões de pessoas em todo o mundo.

Para as pessoas desta era, carentes de uma fé viva e com corações sedentos de puro amor, Amma surge como uma chuva torrencial de amor divino. Eternamente estabelecida na infinita experiência de verdade suprema, Ela aceita a todos como Seu próprio Ser. Colocando a humanidade sofrida em Seu colo, acalmando a dor e dando-nos esperança, Ela dispersa a escuridão de nossos corações e nos conduz pelo caminho da perfeição e da perpétua alegria.

Por quase três décadas de serviço incansável, a Amma tem pessoalmente consolado milhões de pessoas de todos os níveis sociais e de todos os cantos do planeta. A Amma enxuga as lágrimas de cada um com Suas próprias mãos e remove nosso fardo de sofrimento. A compaixão, ternura e preocupação profunda que Ela tem com todos, o carisma espiritual, inocência e encanto que surgem de forma tão natural nela, são todos, sem dúvida, inigualáveis.

Uma corporificação de tudo aquilo que ensina, a Amma dedica cada momento da Sua vida para aliviar o peso do sofrimento humano. Através de canções devocionais, por meio de conversas simples repletas de ilustrações vívidas, de exemplos notavelmente adequados e pelo exemplo de Sua vida incomparável, Amma conquista o coração das pessoas em todos os lugares.

## Breve apresentação de sua vida

Na manhã do dia 27 de setembro de 1953, na aldeia de Alappad, costa ocidental de Kerala, nasceu uma menina. Os pais Lhe deram o nome de Sudhamani. Ela não veio ao mundo chorando como os bebês normalmente fazem, mas sim com um sorriso radiante, como profetizando a alegria e felicidade que iria trazer para o mundo. Desde a infância, Ela estava completamente atenta a Sua verdadeira natureza, mas, como Krishna, preferiu agir como uma criança travessa. Mais tarde, Ela surpreenderia os pais recordando-se minuciosamente de todos os incidentes dos Seus primeiros meses da vida.

Embora tenha nascido divina, Sudhamani passou os anos da infância e adolescência imersa em intensas práticas espirituais para que se tornassem um exemplo vivo para o mundo. Ainda muito pequena, podia ser encontrada com freqüência absorta em profunda meditação, totalmente inconsciente do que estava ao seu redor. Aos cinco anos, já havia começado a compor cantos devocionais dedicados a Krishna, canções cheias de ardente devoção e carregadas de uma sabedoria mística profunda. Esquecendo-se de si em seu amor por Deus, Ela transbordava o coração e a alma nessas melodias. Sua doce voz se tornou uma fonte de grande alegria aos habitantes do vilarejo.

Aos nove anos, a mãe de Sudhamani adoeceu, e toda a responsabilidade de cozinhar e cuidar da casa ficou sobre os Seus ombros, forçando-a a deixar a escola. Ela fazia o extenuante trabalho sem nenhuma reclamação, oferecendo com alegria todos os momentos das longas horas de trabalho árduo como orações a Deus. Aceitou com entusiasmo cada obstáculo, cada mau trato da família, encontrando consolo e apoio unicamente na lembrança constante do seu amado Krishna. Quando o dia de trabalho terminava, à meia-noite, em vez de ir dormir, Sudhamani usava o resto do tempo em meditação, cantos e orações.

Outra qualidade claramente visível em Sudhamani desde a mais tenra idade, era o amor e compaixão para com todos os seres humanos. Como parte dos afazeres domésticos, Sudhamani visitava freqüentemente as casas vizinhas para coletar comida para as vacas da família. Escutava pacientemente muitas histórias cheias de aflição, especialmente, dos anciãos que sempre contavam à menina como eram tratados e negligenciados pelos filhos e netos. Por essas histórias, observou que as mesmas pessoas que quando crianças tinham rezado para a saúde e longevidade dos pais, agora os amaldiçoavam quando envelhecidos e fracos. Percebeu que o amor mundano sempre tem um motivo egoísta subjacente. Embora criança, Sudhamani fez tudo que pôde para aliviar o sofrimento dos idosos vizinhos. Lavava a roupa deles, dava-lhes banho e até mesmo os levava para a própria casa para dar-lhes de comer e vesti-los com roupas limpas. Esse hábito de dar coisas de sua casa sempre a deixava em apuros. Porém, nenhum tipo de castigo pôde interromper a expressão de sua compaixão inata. Sudhamani dizia aos seus pais: "O real propósito para que eu assumisse esse corpo é sofrer pela ignorância dos outros."

Quando alcançou a adolescência, seu amor por Deus cresceu a proporções indescritíveis. Seus estados de êxtase ficaram mais freqüentes; Sudhamani dançava e cantava de felicidade, inebriada por Deus e totalmente alheia ao mundo. Aos olhos de Sudhamani, o Universo inteiro era permeado por Krishna. Não demorou muito até que Sudhamani entrou em uma profunda união mística com Deus, uma união tão completa que Ela já não podia distinguir entre Ela mesma e Krishna.

Certo dia, Sudhamani teve uma visão gloriosa da Divina Mãe do Universo. Essa experiência foi seguida por um estado contínuo de êxtase divino. Dia e noite, Sudhamani ansiava pela união com a Divina Mãe. Os membros da família e muitos dos aldeões não conseguiam entender os estados sublimes da jovem e começaram a atormentá-la de todas as formas. Ela foi forçada sair de casa e passar os dias e noites ao relento. O céu se tornou seu telhado, a terra, sua cama, a Lua, sua luz, e o oceano A refrescava com sua brisa.

Quando a família de Sudhamani e os aldeões a rejeitaram, os pássaros e animais cuidaram dela e se converteram em amigos leais. Levavam-lhe comida e ofereciam tudo que podiam. Por meses a fio, Sudhamani mergulhou nas mais rigorosas e austeras práticas espirituais. Todo o seu Ser interior estava em chamas de anseio pela Deusa. Ela beijava a terra e abraçava as árvores, percebendo a Divina Mãe em tudo. Chorava ao toque da brisa, sentindo que era a carícia da Divina Mãe. Achavam-na freqüentemente imersa por muitas horas ou, até mesmo, dias em *samadhi*, sem exibir nenhum sinal de consciência externa. As práticas espirituais culminaram na dissolução total de seu ego pessoal e na união com Divina Mãe do Universo. Na canção que compôs, *"Ananda Vithi"*, Amma retrata essa experiência:

"Sorrindo, a Divina Mãe se tornou uma massa fulgurante que se fundiu em mim. Minha mente floresceu e foi banhada pelas muitas cores da luz da Divindade... A partir daquele momento, vi que não havia nada separado de meu próprio Ser."

Ela percebeu que: "o Universo inteiro existe como uma bolha minúscula dentro de meu Ser". O som primordial onipresente "Aum" (OM) cresceu espontaneamente dentro de seu Ser. Sudhamani passou a experienciar todas as formas de Deus como manifestações do *Atman*.

Mais tarde, quando perguntaram a Ela sobre as ardorosas canções devocionais e a necessidade de passar por intensas austeridades durante a infância, Amma respondeu: "Rama e Krishna não adoraram Shiva e Devi, mesmo sendo avatares? Ninguém que nasce com consciência plena declara na infância 'Eu sou Brahman'. Isso seria uma insinuação de que a outra pessoa não é Brahman. Quando a pessoa atinge a União Absoluta, com quem e o que poderá falar sobre isso? Esse estado está além de todas as palavras e descrições. Se você desejar se comunicar com um surdo-mudo, não pode falar com ele da forma como nos comunicamos, é necessário se comunicar através da linguagem de sinais que ele emprega. Embora esteja usando a linguagem dos sinais, isso não significa que você seja surdo ou mudo. Igualmente, os avatares podem passar por severas austeridades, ou podem ser vistos meditando, mas isso não significa que realmente precisem fazer isso. Eles só o fazem como exemplo ao mundo."

## O ashram de Amritapuri

Depois desse período inicial de intensas austeridades, a Amma se dedicou completamente à missão de servir aos pobres e aos que sofrem, espalhando a mensagem de espiritualidade. Ela começou a receber um grande número de pessoas, que vinham para receber Suas bênçãos, e a casa onde nasceu foi transformada em um *ashram*. Muitos discípulos jovens começaram a chegar, e Ela começou a treiná-los de acordo com a tradição *sanyasa* da Índia. Ela recebeu um nome monástico, "Mata Amritanandamayi", mas continuou a ser conhecida como Amma (Mãe).

O que era um minúsculo *ashram* no passado, tornou-se sede de Sua Missão Internacional. Milhares de devotos vêm ao *ashram* todos os dias para receber o *darshan* da Amma. Mais de dois mil aspirantes espirituais residem lá permanentemente e se ocupam com práticas espirituais e serviço abnegado sob a orientação direta de Amma.

## Turnês mundiais

Desde 1987, a Amma tem viajado regularmente a muitos países e conduzido muitos programas espirituais em todo o planeta, expandindo sua mensagem de amor e espiritualidade. A cada ano, a Amma visita cerca de vinte países. No Ocidente, a mídia freqüentemente a descreve como a "Santa dos abraços". Os programas da Amma têm extensa cobertura da televisão e da imprensa escrita em todos os países que visita.

Em 1993 no Centenário do Parlamento Mundial das Religiões em Chicago, a Amma foi eleita uma dos três presidentes da fé hindu.

Naquele mesmo ano, o jornal internacional da cultura indiana, *Hinduism Today*, conferiu o "Prêmio de Renascimento Hindu" à Amma. Em 1995, a Amma foi convidada a discursar durante as Celebrações Inter-Fé em Nova Iorque, comemorando o 50º aniversário das Nações Unidas. Em 2000, a Amma fez uma importante apresentação ao "Parlamento para a Paz Mundial do Novo Milênio", na Assembléia Geral da ONU, sobre o tema: "O papel das religiões na resolução de conflitos". Em uma memorável abordagem sobre a condição e capacidade das mulheres, intitulada "O Despertar da Maternidade Universal", a Amma discorreu na Iniciativa Para a Paz Global de Mulheres Líderes Religiosas e Espirituais durante a Assembléia das Nações Unidas em Genebra, em outubro de 2002. Nessa ocasião, Ela foi prestigiada com o Prêmio Gandhi-King de Não-Violência. Entre os que já receberam este prêmio, estão Nelson Mandela, ex-presidente da África do Sul, Kofi Annan, Secretário Geral da ONU, e a renomada primatologista e Mensageira da ONU para a Paz, Dra. Jane Goodall.

## O darshan da Amma

Em sânscrito o termo *darshan* significa "visão" e é usado para descrever o encontro com uma pessoa santa, especialmente um mestre Auto-Realizado. O *darshan* da Amma é único. Como a corporificação da maternidade suprema, Ela acolhe cada pessoa que chega até Ela, escuta os problemas das pessoas, oferece conselho e orientação e tranqüiliza os aflitos. Em ocasiões especiais, a Amma manifesta sua identificação com Devi (a Divina Mãe), e o *darshan* é chamado de *Devi Bhava*. Anteriormente, a Amma também dava o *darshan* em *Krishna Bhava*.

Sobre o significado e a importância do *bhava darshan*, a Amma diz: "Todas as deidades do panteão hindu que representam os inúmeros aspectos do Ser Supremo Único existem dentro de nós. Aquele que é estabelecido no Divino pode manifestar qualquer um desses aspectos por vontade própria para o bem do mundo. *Krishna*

*Bhava* é a manifestação do Puro aspecto do Ser, e *Devi Bhava* é a manifestação do Feminino Eterno, a Criação, o princípio ativo do Absoluto Impessoal. Porém, devemos lembrar que todos os nomes e formas são meras projeções mentais. Por que um advogado deve usar terno e um policial um uniforme? Essas são apenas ajudas externas para criar um determinado sentimento ou impressão. De maneira semelhante, a Amma veste o traje de Devi para fortalecer a atitude devocional das pessoas que vêm para o *darshan*. A intenção da Amma é ajudar as pessoas a alcançar a Verdade, o Atman ou Ser, que está em Mim, como também em você. Se você puder perceber o Princípio Indivisível, que já está aceso dento de você, você se tornará Isso."

# Capítulo 1

# A causa de todos os sofrimentos

## O problema fundamental

Para muitas pessoas, a vida é uma constante luta para encontrar soluções de inúmeros problemas que causam sofrimento. De acordo com as escrituras hindus, a ignorância sobre o próprio Ser é a causa de todos os sofrimentos. Nós somos a Consciência Suprema, mas nos consideramos como uma combinação de corpo, mente e intelecto. Na verdade, o que quer que aconteça ao corpo, à mente e ao intelecto não afeta a Consciência Eterna que lhes dá vida. No *Bhagavad Gita*, a Consciência Eterna, *Atman*, ou Ser Supremo é assim descrito:

> nai'naṁ chindanti śastrāṇi nai'naṁ dahati pāvakaḥ
> na cai'naṁ kledayanty āpo na śoṣayati mārutaḥ
> acchedyo 'yam adāhyo 'yam akledyo 'śoṣya eva ca
> nityaḥ sarvagataḥ sthāṇuḥ acalo 'yaṁ sanātanaḥ

> *Armas não o cortam, o fogo não o queima,*
> *A água não o molha, e vento não o seca.*
> *Esse (Ser Supremo) é eterno, onipresente, estável,*
> *irremovível e primordial.*
> Bhagavad Gita, Capítulo II, versos 23 - 24

Concentramo-nos em satisfazer as necessidades desse conjunto de mente e corpo por causa de nossa identificação errônea com ele.

Essa identificação cria muitos desejos em nós. Não é possível satisfazer todos os nossos desejos, mas essa vontade está sempre presente. Esses desejos não concretizados causam sofrimento com freqüência. Criamos também expectativas sobre como nossa vida deve se desdobrar. Infelizmente, o resultado nem sempre combina com o que esperamos. Talvez tenhamos a expectativa de casar com uma pessoa determinada, de ter sucesso no trabalho ou de que nosso filho esteja na melhor turma da escola. Quando nossas expectativas não são alcançadas, nos sentimos infelizes.

O apego também desempenha um papel no sofrimento. Quando, por exemplo, damos muito valor à acumulação de dinheiro e de bens materiais, ficamos apegados a esses objetos e sofremos quando nosso carro é roubado, nosso investimento não dá resultado ou sofremos qualquer tipo de perda material.

Qualidades negativas como egoísmo, luxúria, raiva, cobiça e ciúme afetam nossas decisões e ações, aumentando a probabilidade de angústia e infelicidade. Como se isso não fosse o bastante para provocar o sofrimento, decisões impensadas e ações erradas resultantes (mentais, verbais e físicas) podem produzir um carma negativo que, em última análise, causará sofrimento nesta vida ou na próxima.

Assim, somos nós que criamos o nosso próprio sofrimento. Deus não cria sofrimento. Na verdade, Deus cria um mundo maravilhoso. É nossa mente que faz parecer o contrário. A Amma conta uma história a esse respeito:

Dois homens estavam sentados em um jardim perto de uma roseira. Olhando para as rosas completamente abertas, um deles começou a pensar: "Que rosas bonitas! Se eu der uma delas a minha namorada, ela ficará muito feliz, e um lindo sorriso surgirá em seu rosto." Imerso nesses pensamentos, o homem ficou sentado, olhando com atenção para a roseira, esquecendo-se de todo o resto. O outro homem, porém, ficou muito perturbado ao olhar para as mesmas rosas. Pensava consigo mesmo: "Eu dei tantas flores como essas para minha namorada. Apesar disso, ela me traiu e partiu com outro. Nunca poderei perdoá-la por isso." Com pensamentos assim amargos, ele se zangou com as flores e pisoteou-as, esmagando-as. Depois partiu em busca de um bar, esperando encontrar alguma paz mental.

A mente é a única causa de nossa escravidão, de nossa falta de liberdade. Temos que discipliná-la para encontrar a paz, a alegria e a liberdade.

Não é fácil passar do sofrimento à felicidade por meio de nosso próprio esforço, mas um *satguru* (mestre verdadeiro) pode nos ajudar a superar as negatividades causadoras do sofrimento.

# Desejos

Todos nós temos desejos, mas eles podem ser alcançados ou não. Em resposta à pergunta: "Por que todos os nossos desejos não são satisfeitos?", Amma diz: "Se tudo acontecesse como desejamos, a harmonia da criação seria perdida."

Os médicos desejam mais pacientes, mas nenhum de nós quer adoecer. Se os advogados desejam ter mais clientes, é necessário que ocorram mais crimes, acidentes e brigas. Porém, todos nós queremos paz e união na sociedade. Os donos de lojas de bebidas querem que cada vez mais pessoas bebam, para que os negócios prosperem, mas os pais não querem que os filhos bebam.

Ninguém quer morrer; algumas pessoas desejam até congelar o próprio corpo morto para que, no futuro, quando a ciência aprender a ressuscitar os mortos, possam retomar a vida. Porém, os fabricantes de caixão rezam por mais clientes.

Se todos os desejos fossem atendidos, não haveria ordem no planeta, só o caos e a desarmonia. De fato, é justamente porque alguns desejos não são concretizados que existe pelo menos um pouco de harmonia no mundo.

Deve também ser ressaltado que toda a felicidade que obtemos dos objetos externos não é nada mais que uma felicidade emprestada, pois a felicidade não pertence aos objetos. Na verdade, a felicidade que pensamos ser derivada desses objetos é apenas um reflexo da felicidade em nosso interior. É por isso que as crianças geralmente ficam contentes com objetos simples.

## Expectativas

As expectativas podem causar sofrimento por várias razões. Se nossas expectativas não são satisfeitas, geram desapontamento. Em algumas pessoas, a decepção normalmente conduz à raiva; em outras, produz frustração ou depressão.

Mesmo quando nossas expectativas são cumpridas, elas podem nos levar ao sofrimento. Se uma expectativa se concretiza, nossos desejos aumentam e prevemos que outras expectativas também serão cumpridas. Deste modo, nossa avareza e nossos desejos crescem e ganham força. A quantidade de sofrimento que experimentamos é proporcional à força de nossos desejos e expectativas.

Isso não significa que não devemos ter expectativa alguma, mas temos que ser capazes de não nos afetarmos quando nossas expectativas não são confirmadas.

Uma ação pode provocar vários tipos de resultado. Imagine, por exemplo, que estejamos doentes. Podemos tomar remédios para curar a doença, mas em vez de simplesmente acreditar que o remédio restabelecerá nossa saúde por inteiro, devemos estar preparados para qualquer um dos seguintes resultados:

1) a doença pode ser curada completamente;

2) a doença pode ser curada parcialmente;

3) a doença pode não ser curada;

4) podemos desenvolver uma alergia, complicação, ou efeito colateral do remédio.

Em outras palavras, o resultado de uma ação pode ser:

1) como nós esperamos;

2) além do que esperamos;

3) quém do que esperamos;

4) nenhum resultado;

5) algo completamente diferente do que esperamos.

Se tivermos expectativas, devemos levar em conta todas as possibilidades acima. Temos que estar preparados para enfrentar quaisquer desses resultados. A assimilação desse conceito indica a verdadeira maturidade. É imaturo não estar preparado para aceitar tudo o que pode acontecer. Todos nós somos maduros em alguns aspectos. Também devemos amadurecer mental e emocionalmente. A Amma diz que nossos corpos estão crescendo em altura e largura, mas nossas mentes não. Precisamos nos esforçar para cultivar essa maturidade mental e emocional.

## Qualidades negativas

Todos nós, de vez em quando, apresentamos qualidades negativas. Qualidades como impaciência, ganância, ciúme, raiva, teimosia, ressentimento, ansiedade e arrogância surgem, não importa o quanto tentemos ter um comportamento amoroso. Essas qualidades causam grande dano à nossa sensação de bem-estar e às nossas relações. Quando a mente se agita por causa dessas negatividades, a clareza para tomar uma decisão muitas vezes fica comprometida.

De forma geral, há quatro tipos de pessoa:

1) aquelas que têm muita agitação e negatividade, mas não a consciência disso. Esse tipo de pessoa acredita que nada está errado com ela. É como diz o ditado: "Ignorância é felicidade";

2) aquelas que sabem que têm negatividades dentro de si, mas não vêem razão ou necessidade de removê-las. Embora possam aprender a viver assim, continuarão sofrendo, vivenciando a raiva, o ressentimento e muitas outras tendências negativas. Essas emoções constituem um problema tanto para elas como para as pessoas ao redor;

3) aquelas que sabem que têm muita negatividade na mente e querem removê-la. Não querem viver com esse problema; querem desfrutar de paz mental, tranqüilidade e quietude e por isso tentam remover a negatividade. Só este grupo tenta adotar práticas espirituais

25

como meditação, orações e estudos das escrituras ou se aproximar de um Mestre;

4) pessoas excepcionalmente raras: os *mahatmas*[1] como a Amma, que transcenderam por completo todas as qualidades negativas da mente. Na realidade, eles não têm a mente egocêntrica, a mente deles está unida à Mente Universal. Para eles não há problema algum.

Todos nós sabemos que é prejudicial a nós mesmos e aos outros sentir raiva, ressentimento, ou ansiedade. Intelectualmente, sabemos que é destrutivo, mas não temos a força mental ou o treinamento para superar essas tendências negativas.

Todas as práticas espirituais que fazemos são para treinar nossa mente a superar nossas negatividades. Infelizmente, a maioria de nós não está treinando a mente; é nossa mente que nos treina, e nossas tendências negativas assumiram o controle.

Até mesmo quando estamos na poderosa presença da Amma, muitas vezes achamos que alguma coisa ou pessoa está nos perturbando. Já ouvi devotos dizerem à Amma: "Amma, estar em Sua presença é a melhor oportunidade para meditação, mas até mesmo em Sua presença às vezes não consigo meditar direito."

## A falta de consciência sobre o mundo em transformação

Suponha que você receba um telefonema. Ao levantar o fone e escutar as primeiras palavras, descobre quem está do outro lado. Se for seu companheiro ou cônjuge, talvez você diga algo como: "Oi, meu bem, como vai? Estou com muitas saudades!" Mas se for seu chefe, você não dirá a mesma coisa. Se fizesse isso, poderia até ser despedido!

---

[1] Um *mahatma* é uma pessoa realizada em Deus (Auto-Realizada), mas pode ou não estar interessado em guiar os outros no caminho espiritual como faz um *satguru*. Todos os *satgurus* são *mahatmas*, mas nem todos os *mahatmas* escolhem ser *satgurus*.

O mesmo acontece com diferentes objetos e situações no mundo. Para nos relacionarmos de forma adequada, temos que conhecer a natureza dos objetos, das pessoas e situações com que estamos lidando. Para complicar ainda mais, questões importantes, atitudes, objetos e situações estão sempre mudando. Hoje podemos ter um carro muito confortável ou um bom computador, mas amanhã talvez só sirvam para o ferro-velho. Da mesma forma, as pessoas não mantêm uma atitude constante. Hoje uma pessoa pode ser nossa melhor amiga e amanhã pode se tornar nossa pior inimiga.

## A busca da felicidade nos lugares errados

Ninguém diz: "Eu quero ser feliz apenas pela manhã; não me importo de ser infeliz à noite." E ninguém diz: "Quero ser feliz só quando estiver no trabalho; não quero ser feliz quando estiver em casa", ou ainda: "Eu quero ser feliz só quando estiver dirigindo meu carro." Em outras palavras, queremos uma felicidade que seja ilimitada e incondicional, independente de tempo, lugar ou objetos. Apesar disso, sempre procuramos a felicidade em pessoas, objetos e circunstâncias que estão em constante mutação e que são temporários pela própria natureza. É totalmente ilógico esperar a felicidade permanente e imutável de qualquer coisa que seja mutável.

Não que os objetos não possam nos dar felicidade. Eles podem nos dar felicidade, mas a felicidade que obtemos deles é casual e não inerente a eles. Um objeto pode fazer uma pessoa feliz em um momento ou situação particular, mas nunca o tempo todo ou para sempre. Se comprarmos uma Mercedes Benz nova, provavelmente nos sentiremos felizes sempre que a dirigirmos ou até mesmo quando pensarmos nela. Por outro lado, se um parente íntimo ou alguém que amamos morrer, ficaremos muito tristes. Nessa situação, não importa quantas vezes pensemos em nossa Mercedes ou a dirigimos, ela não nos fará felizes. Isso ocorre porque a felicidade que obtemos com o carro é incidental e não intrínseca. Se a felicidade que extraímos do carro fizesse parte dele, nos faria felizes o tempo todo. Na realidade, se dependermos de tais objetos para nossa felicidade e sustentação, ficaremos desapontados.

A Amma diz que deveríamos ser como um pássaro que pousa num galho seco. Ele sabe que até mesmo uma brisa suave será o bastante para quebrar o galho frágil. Assim, o pássaro fica sempre alerta e cauteloso, pronto para voar a qualquer momento. Quando perdemos objetos que nos interessam ou que desejamos, ou quando eles se afastam de nós, devemos ser capazes de prosseguir, sem sentir tristeza, rumo à nossa meta, como o pássaro que voa no momento em que o galho se rompe.

Os objetos têm uma capacidade limitada de nos fazerem felizes, mas uma capacidade ilimitada de nos tornarem infelizes. Procure não dar muita importância ou valor aos objetos e não esperar demais das pessoas.

A Amma diz que buscar a felicidade eterna em objetos mutáveis é como esperar que água fria jorre em um deserto. Não devemos permitir que nossa mente dependa de objetos ou de pessoas para ter paz e felicidade, porque eles não estão sob o nosso controle. Em vez disso, devemos aprender a ajustar nossas mentes de acordo com a situação. Isso é o que Amma quer indicar quando diz que devemos aprender a refrigerar nossas mentes. Ela conta uma história para ilustrar essa idéia:

Um dia, um rei quis caminhar pela capital do país. Ao longo da estrada, tropeçou numa pequena pedra, e seu dedão do pé começou a sangrar. O rei zangou-se com os criados e guardas e gritou: "Como vocês puderam deixar isso acontecer comigo?!" Ordenou que no dia seguinte, antes de começar o passeio noturno, todas as estradas na cidade fossem atapetadas. Os ministros coçaram a cabeça porque não sabiam como cumprir a tarefa. Perguntavam-se onde poderiam encontrar tapetes tão longos. Entre eles havia um velho e sábio ministro, bem mais ousado, que disse ao rei: "Sua Majestade, em vez de acarpetar todas as estradas, não seria mais sensato o senhor usar um bom par de sapatos?"

Da mesma forma, ao invés de tentar ajustar tudo à nossa conveniência, devemos tentar nos ajustar às condições externas. Isso é possível através do entendimento dos princípios espirituais e do exercício das práticas espirituais. Se pudermos ganhar força espiritual, ela nos servirá como um amortecedor a um carro, que ajuda o veículo a suportar os solavancos e sacudidas nas estradas esburacadas e sem pavimento. Do mesmo modo, nossas vidas estão cheias de altos e baixos, e é essa força espiritual que nos ajuda a absorver os choques em nossas vidas.

## Valor inadequado

Se tomarmos decisões sem diferenciar corretamente o real valor de cada coisa, o resultado será o sofrimento. Em certos países, muitos estudantes cometem suicídio quando não são aprovados ou quando não recebem a nota esperada nos exames. Às vezes, durante uma partida esportiva, os torcedores lutam entre si por causa da decisão de um árbitro. Uma perspectiva mais ampla indicaria uma resposta mais compatível com o valor e a importância relativos dessas situações.

Às vezes damos o valor correto às coisas. Por exemplo, imagine que temos um par de sapatos novos e caros. Embora muito caros, não os mantemos na caixa ou no armário. Nós os usamos até mesmo nas ruas sujas, sem maiores problemas. São apenas sapatos e foram comprados para serem usados. Infelizmente, não somos capazes de estender esse critério a todas as situações da vida.

Gostaria de narrar um incidente que realça como a Amma dá apenas o valor apropriado a cada objeto no mundo. No início do funcionamento do *ashram*, freqüentemente não tínhamos comida suficiente nem roupas boas para usar. Sempre que oferecíamos programas fora do *ashram*, os *brahmacharins* (discípulos celibatários) dividiam as poucas roupas boas disponíveis. Naquela época, a Amma era muito exigente e queria que todos que visitassem o *ashram* fossem alimentados. Só depois que todos haviam comido, os *brahmacharins* podiam comer. Muitas vezes não havia comida para nós. Nessas ocasiões a Amma ia às casas vizinhas pedir esmolas.

Um dia, uma mulher pobre do bairro veio contar à Amma que o casamento da filha estava marcado, mas como ela era muito pobre, precisava da ajuda da Mãe. Embora o *ashram* estivesse sem qualquer condição financeira, Amma assegurou que a ajudaria. Eu estava sentado próximo à Amma quando Ela chamou um dos residentes e lhe pediu que fosse buscar algo no quarto dela. Ele trouxe uma caixa e a entregou a Amma. A Mãe abriu-a; dentro dela havia uma nova e valiosa corrente de ouro, provavelmente uma doação recente de um devoto. Fiquei me perguntando o que a Amma ia fazer.

Sem hesitar, a Amma deu a corrente de ouro à mulher, que ficou muito contente e Lhe agradeceu repetidas vezes. Fiquei bastante agitado, porque nós mesmos estávamos lutando para manter nosso sustento. Como a Amma podia fazer isso? Antes que eu pudesse dizer qualquer coisa, a mulher já tinha ido embora. Não pude controlar meus nervos e perguntei à Amma: "Como a Senhora pôde fazer isso?"

Eu achei que podia ensinar-Lhe algo: "A Senhora sabe quanto custa aquela corrente?" Na ocasião, eu trabalhava em um banco e sabia o valor de mercado do ouro. Continuei: "Eu poderia ter levado a jóia para o banco e conseguido uma boa quantia de dinheiro por ela. Não acho correto o que a Senhora fez."

"É mesmo?", Amma respondeu. "Por que você não me disse isso antes? Corra atrás dela agora! Depressa!"

Fiquei muito orgulhoso por ter tido visão para corrigir o erro da Amma. Naquela época, eu não tinha idéia da grandeza da Amma como Mestra Auto-Realizada. Minha compreensão espiritual era muito limitada. Como muitos pseudo-intelectuais, eu achava que tinha mais conhecimento em relação ao mundo do que Ela. Estava convencido de que a Amma queria recuperar a corrente e assim fui buscar a mulher, que quis saber o que estava acontecendo. Amma lhe disse, apontando para mim: "Este *brahmacharin* diz que essa corrente é muito cara." Eu estava tão impaciente que quis dizer à mulher: "Então, devolva-a." Amma percebeu minha impaciência, disse-me para ficar quieto e continuou: "Já que o colar é tão caro, não penhore nem venda por um preço mais barato que o valor real dele. Certifique-se de conseguir um bom preço." De repente, fiquei muito envergonhado por ignorar tanto a compaixão de Amma.

Esse é apenas um exemplo de como a Amma não dá importância ou valor às coisas do mundo. Isso não significa que a riqueza material não é importante, mas temos que perceber sua limitação. A riqueza material não é tudo. Se assim fosse, todas as pessoas ricas estariam felizes e alegres. Já vi muitas famílias ricas clamando à Amma por várias razões. A riqueza espiritual é muito mais importante. E o que chamo de riqueza espiritual é a força espiritual e a maturidade oriundas da compreensão sobre a natureza efêmera do mundo e dos objetos. A riqueza espiritual nos permite sorrir até mesmo quando estamos frente a frente com a morte.

Quando as pessoas começaram a vir ver a Amma, havia algumas que se opunham com veemência aos *bhava darshans*. Houve várias tentativas contra Sua vida, inclusive um atentado de Seu próprio primo, que achava que o comportamento da Amma sujaria o nome da família. Quando ele A ameaçou com um facão, a Amma não se perturbou. Ela simplesmente sorriu e disse: "Não tenho medo da morte. O corpo tem que alcançar o próprio fim, cedo ou tarde, mas é impossível matar o Ser Superior. Já que você está determinado a acabar com minha existência física, deixe-me meditar durante um tempo, então você poderá me matar enquanto Eu estiver em meditação." Através da Sua compreensão sobre a natureza do Seu verdadeiro Ser Superior e do mundo, a Amma pôde enfrentar com calma até mesmo a ameaça à Sua vida; nem mesmo ficou aborrecida ou zangada com Seu agressor.

## A lei do carma

Recentemente, cientistas começaram a confirmar que este não é nosso único nascimento. Mas o atual estágio científico e tecnológico ainda não torna possível provar, sem sombra de dúvida, a verdade sobre o renascimento e as vidas passadas. Mas é razoável perguntar: se toda ação tem uma reação igual e contrária, qual é a ação que faz uma criança nascer disforme, ou em uma família pobre, ou um prodígio? Ela ainda não fez qualquer coisa para merecer isso nesta vida. É lógico concluir que deve ter havido uma vida anterior na qual essa pessoa "obteve" esse resultado. Em algumas famílias, uma criança é muito inteligente enquanto a outra não. Qual é a razão para isso? A criança deve ter feito algo em uma vida anterior para merecer isso. Crianças nascidas dos mesmos pais têm várias diferenças marcantes. Da mesma forma, sabemos de muitos tiranos como Hitler ou Mussolini, que massacraram milhões de pessoas. Quando e como eles irão experienciar o resultado de atos tão cruéis? Sem dúvida, sofrerão a conseqüência desses atos por muitas vidas.

De acordo com a lei do carma, invariavelmente toda ação tem um efeito sobre quem a efetua. Não há como escapar da corrente do carma, enquanto a pessoa tiver ego. Os resultados das ações da pessoa também não estão circunscritos apenas a essa pessoa. Afetam outras na sociedade. Quando fazemos algo de bom, não só influenciamos a nós mesmos, mas o mundo todo também é influenciado positivamente. Quando agimos de forma egoísta ou prejudicial, isso também afeta os outros. Vamos supor que temos o hábito de beber demais. Bêbados, dirigimos um carro e atropelamos uma pessoa que estava tentando atravessar a rua com cuidado. Como resultado, nós vamos ter que responder um processo judicial, e a outra pessoa ficará hospitalizada. Isso trará conseqüências para ambas as famílias. Nesse contexto, a ação descuidada ou errada de uma única pessoa influencia negativamente a vida de muitas.

É por isso que Amma diz que nós não somos ilhas isoladas, mas que estamos conectados um ao outro como os elos de uma corrente. Sabendo ou não disso, as ações que fazemos sempre têm um efeito sobre os outros.

Dois criminosos insensíveis foram enviados para uma ilha remota e desolada. Muitos anos se passaram, e um dia eles estavam sentados na praia chorando incontrolavelmente, pensando no destino. De repente, uma garrafa foi lançada pelas ondas. Um deles apanhou-a e abriu-a. No mesmo instante, surgiu de dentro dela um gênio. Ele estava tão contente por ter sido libertado da garrafa que, em troca da ajuda, ofereceu a realização de um desejo a cada um deles. O primeiro disse: "Há anos que estou sofrendo nesta ilha, separado dos meus filhos queridos e de minha família. Quero estar com minha família." Imediatamente, o primeiro criminoso viu-se com a família, em uma terra distante. Quando ele desapareceu, o segundo criminoso ficou ainda mais triste por estar só. Então contou ao gênio: "Eu nunca tive família ou amigo em minha vida. Ele foi o único amigo que realmente me amou. Sinto muita falta dele. Tudo o que eu quero é meu amigo de volta." Sem demora, o primeiro homem voltou à ilha, e o gênio desapareceu.

O carma, tanto o nosso como o dos outros, é um fator importante para determinar se teremos sucesso em um determinado esforço. Para evitar o sofrimento desnecessário, é importante entendermos bem o papel do carma em nossas vidas.

Fiz todos os meus exames finais de graduação e esperava passar com boas notas. Quando os resultados saíram, fui pego de surpresa ao descobrir que não tinha passado em uma das provas. Fiquei chocado, porque sabia que havia feito um bom exame. Então pedi à universidade a revisão daquela prova. Quando o novo resultado saiu, vi que na verdade havia passado em primeiro lugar. Mais tarde, uma sindicância mostrou que o professor que havia corrigido minha prova da primeira vez estava passando por uma fase muito difícil na vida. Parece que havia tido uma discussão com a esposa, e ela acabou fugindo com o vizinho, que era motorista de caminhão. O professor ficou tão abalado que sempre que ouvia o barulho de um caminhão ficava inquieto e agitado, às vezes histérico, porque isso lhe recordava o motorista de caminhão com quem a esposa havia fugido. Muitos caminhões passavam pela frente da casa dele, deixando-o mais e mais intranqüilo. Por isso, ele não deu a atenção devida ao seu dever acadêmico de avaliar as provas corretamente.

Assim, o carma do professor também produziu um efeito adverso em minha vida.

Esses exemplos nos mostram que há muitos fatores que podem intervir entre nossos esforços e os resultados alcançados. Podemos rezar a Deus para satisfazer um desejo, mas se o desejo será satisfeito ou não, vai depender de muitas coisas: a intensidade e a sinceridade de nossas orações, o esforço que fazemos, nosso carma passado e, às vezes, o carma dos outros também. Muitos desses fatores estão além do nosso controle. Para que os fatores que não estão sob o nosso controle se tornem favoráveis, precisamos da graça de Deus. Apenas com o nosso esforço, não seremos capazes de conseguir o resultado desejado.

## A natureza do sofrimento e da dor

Toda pessoa nascida na Terra tem uma parcela de tristezas e alegrias. Aquilo que estamos destinados a experienciar na vida atual em função do carma acumulado no passado, sejam coisas boas ou más, é chamado de *prarabdha*.

Nosso *prarabdha* pode ser de tipos diferentes:

1) *Prarabdhas* que podem ser superados completamente por meio de ações positivas. São como um tumor benigno, ou como um câncer inofensivo, que pode ser removido de uma vez por todas através de uma cirurgia simples;

2) *Prarabdhas* que podem ser reduzidos ou parcialmente removidos por meio de nossos esforços. Esse tipo de *prarabdha* é como um tumor maligno que pode ser removido, mas tem a possibilidade de voltar;

3) *Prarabdhas* que não têm medidas reparadoras. Teremos que passar por eles. A Amma cita o exemplo do câncer terminal. Este tipo de *prarabdha* não pode ser evitado. A pessoa tem que sofrê-lo.

Uma pessoa pode se perguntar o que grandes mestres como a Amma ensinam ao mundo através do exemplo que dão em suas vidas. Eles mostram ao mundo como enfrentar situações difíceis com maturidade interior. Inspiram-nos a seguir esses exemplos. Talvez muitos de nós já tenhamos enfrentado terríveis dores e sofrimentos na vida. Quando ouvimos falar sobre como Jesus perdoou Seus inimigos no momento de Sua crucificação, talvez ganhemos coragem para enfrentar qualquer situação sem um sentimento de ódio, sem ressentimento contra qualquer pessoa.

A Amma passou por muitas dificuldades em Sua infância, apesar de Sua enorme devoção e amor a Deus. Ela não ficou desapontada porque Deus Lhe deu uma vida dura. A Mãe encarou o próprio sofrimento como oportunidade para aprender que, por trás do amor dos seres humanos, sempre há um pouco de interesse egoísta. Se esses interesses não são atendidos, o amor das pessoas logo se converte em ódio.

Somente Deus nos ama incondicionalmente, sem qualquer expectativa. A Amma entendeu isso e começou a amar as mesmas pessoas que só Lhe causavam sofrimento e problemas. Infelizmente, é muito difícil para nós perdoar nossos inimigos, e mais difícil ainda amá-los. Se conseguirmos fazer isso, estaremos transformando nossos corações na morada de Deus.

Com Sua reação a tais dificuldades, a Amma mostrou que, até mesmo em circunstâncias muito difíceis, a pessoa pode ficar concentrada em Deus e enfrentar os desafios com coragem. A Amma não ficava triste ou aborrecida porque Seus pais não Lhe davam amor e afeto. Ela pensava: "Por que eu deveria buscar o amor de outra pessoa? Em vez disso, deixe-me dar amor a todos."

A Amma não espera nada das pessoas; cumpre Seu dever sem se preocupar com o resultado. Essa é a verdadeira espiritualidade.

# O ego

De acordo com as escrituras hindus, o primeiro produto de nossa ignorância sobre a natureza do nosso verdadeiro Ser Superior é o ego. Em sânscrito, o ego é chamado de *ahamkara*, que também pode ser traduzido como "o sentido de uma existência separada do resto do

Universo". Todos os nossos desejos, expectativas, apegos, qualidades negativas e até mesmo nosso carma surgem do ego.

O ego é o sentimento de "eu", por exemplo, "eu estou fazendo", "eu estou aproveitando" ou "eu estou sofrendo". Quando acordamos, qual é o primeiro pensamento que entra em nossas mentes? É "eu". Todos os outros seguem esse primeiro pensamento.

Esse sentimento de "eu" dá origem a todos os nossos problemas. Quando estamos identificados com o ego, temos desejos, expectativas e apegos relacionados com o estabelecimento da segurança e do conforto do ego. Quando esses desejos, expectativas e apegos são frustrados, ou quando nosso ego fica ferido, reagimos com raiva, ódio, medo, depressão etc. A Amma diz que é o ego e as qualidades negativas que dele surgem que impedem que a graça de Deus nos alcance.

Às vezes acreditamos que já transcendemos o ego com nossas práticas espirituais e muito *seva* (serviço voluntário). Podemos até pensar: "Olhe só quanto *seva* eu faço, muito mais que aquela pessoa. Eu sou muito mais desprendido do que ela."

É importante lembrar que o ego é muito sutil e inteligente. Há uma história no grande épico *Mahabharata* (o livro que descreve a Guerra de *Mahabharata*) que mostra como até aspirantes espirituais mais avançados e grandes devotos podem cair na armadilha do ego.

Depois do final da batalha, Arjuna, com Sri Krishna como cocheiro, e os corretos Pandavas, voltaram ao acampamento. Assim que chegaram, Krishna parou a carruagem e disse: "Arjuna, por favor, desça."

Arjuna pensou: "Lutei e ganhei a batalha. Ele foi apenas meu cocheiro. Na verdade, ele deveria descer primeiro." Pensando assim, pediu que Krishna descesse antes, mas este se recusou, dizendo que Arjuna realmente deveria descer primeiro. Embora Krishna já tivesse revelado Sua forma divina a Arjuna no campo de batalha, transmitindo-lhe todo o *Bhagavad Gita*, e tivesse salvado-o da morte certa durante a guerra, Arjuna continuava a não dar ouvidos e a querer que Krishna descesse antes.

Apesar de experienciar a divindade de Krishna em muitas ocasiões, o ego de Arjuna o enganou, fazendo-o pensar que era maior do que Deus. Entretanto, como Krishna estava decidido nessa questão, Arjuna desceu da carruagem primeiro. Krishna calmamente esperou que Arjuna se distanciasse um pouco. No momento em que Krishna desceu, a carruagem explodiu em chamas. Muitas armas poderosas tinham sido usadas contra a carruagem durante a batalha do dia. Somente pela presença de Sri Krishna, a carruagem tinha permanecido intacta, e Arjuna tinha vencido a batalha. Arjuna caiu aos pés de Krishna, percebendo finalmente que havia sido apenas pelo poder de Deus que ele havia lutado e vencido a batalha.

Na verdade, não importa o que façamos, não conseguimos remover o ego por nós mesmos. A Amma diz que o ego é o único elemento na criação que não foi criado por Deus. O ego é nossa criação, e não podemos desfazer nossa própria criação. Para isso, precisamos da ajuda de um *satguru*. Remover o ego é o trabalho principal do *satguru*.

# Capítulo 2

# As amarras do condicionamento

## Compreendendo o condicionamento

Passamos a vida buscando o emprego certo, o chefe certo, a esposa certa, o amigo certo e assim por diante. Esquecemos que também temos que ser a pessoa certa. Os homens querem uma esposa pura como Sita (a consorte sagrada de Sri Rama), mas esquecem-se que têm de ser virtuosos e corretos como Rama.

É difícil existir uma pessoa perfeita (exceto os *mahatmas* e os *satgurus*) ou um emprego ou um cônjuge perfeito. Quando buscamos a perfeição, podemos perder boas oportunidades ou mesmo ficar desapontados. Algumas vezes, quando procuramos por coisas perfeitas, apenas trocamos um problema por outro.

Temos a esperança que, ao mudar a situação ou a pessoa, resolveremos o problema. Esse modo de pensar resulta de hábitos antigos e do condicionamento. Se a mudança dos fatores externos deu certo para nós no passado, consideramos que essa estratégia continuará a funcionar. Talvez tenhamos maior potencial de mudar para melhor, mas nos limitamos por nosso condicionamento anterior.

A Amma deu o seguinte exemplo de condicionamento em Seu discurso durante a Iniciativa dos Líderes Espirituais e Mulheres Religiosas pela Paz Global, em Genebra. Quando um elefante ainda é um filhote, está acostumado a andar livremente pela floresta. Após ser capturado, ele é atado com uma grossa corrente a uma árvore ou poste firme. Então, o elefante puxa e sacode a corrente sem resultado.

Depois de algum tempo, o filhote elefante percebe que todo aquele esforço não o ajudará. Assim, pára e fica quieto. Agora, está condicionado. Quando fica adulto, pode ser atado a uma árvore frágil com uma corda fina.

O elefante adulto poderia facilmente romper a corda e sair dali livremente, mas não vai a lugar algum porque está condicionado a achar que não é possível romper a corrente. Da mesma forma, estamos constantemente sendo condicionados, consciente ou inconscientemente, por tudo a nossa volta, por nossos pais, por nossos amigos, pelos filmes e programas de TV que assistimos etc.

Havia um militar aposentado que era detestado pelas crianças da vizinhança por seu mau humor. Certo dia, elas quiseram pregar--lhe uma peça. Quando ele voltava do mercado para casa com uma cesta de ovos na mão, um dos garotos gritou: "Atenção!" Assim que o militar ouviu a palavra "atenção", deixou cair a cesta e se colocou em posição de sentido, imóvel. Isso aconteceu em razão do condicionamento anterior.

A Amma diz que para aproveitar a vida com plenitude, é absolutamente necessário libertar-se do condicionamento do passado. Na verdade, há muitas possibilidades de escolha em qualquer situação difícil da vida. Quando nos deparamos com uma situação crítica, nossa capacidade para tomar a decisão certa é inibida. Nosso condicionamento do passado tolhe nossa capacidade de fazer bom uso das opções de escolha disponíveis.

Por causa de nosso condicionamento, tendemos a reagir de uma determinada forma ou de acordo com um padrão específico. A maior parte do tempo, não temos consciência do que estamos fazendo ou dizendo. Por isso, em vez de reagir conscientemente às situações da vida, temos reações mecânicas. Quando alguém nos elogia, ficamos felizes e até pensamos: "Ele é tão simpático!" Se, ao contrário, somos criticados, ficamos na defensiva. Quando alguém nos insulta ou se zanga conosco, ficamos tristes ou com raiva dessa pessoa.

# Desenvolvendo o condicionamento positivo

O condicionamento positivo nos auxilia a manifestar as boas qualidades com espontaneidade. Tomemos a recitação do mantra como exemplo. No início, nada sabemos sobre o mantra. Não temos nem mesmo consciência de nossa ignorância sobre ele. Então, acabamos sabendo que existe algo chamado "mantra". Aprendemos o que é um mantra com um guru[1], recebemos a iniciação do mantra e compreendemos o método de recitação e prática. Nos estágios iniciais, esqueceremos de repeti-lo com regularidade, pois não estamos acostumados a isso. Assim, temos que fazer um esforço consciente ou deliberado para recitá-lo.

Depois de repetir o mantra com regularidade por um longo tempo, o processo fica tão natural quanto nossa respiração. Não precisamos nem pensar que temos de cantar o mantra. Ele fluirá continuamente sem esforço, sem qualquer pensamento deliberado de nossa parte, não importando onde estejamos ou o que estivermos fazendo. O processo torna-se automático. É assim que cultivamos um hábito ou disciplina em nossas vidas.

Para a maioria de nós, raiva, impaciência e ciúme ocorrem de modo natural sem qualquer esforço. Em vez disso, precisamos aprender a manifestar qualidades admiráveis como amor, compaixão, paciência, gentileza etc. Precisamos de um esforço contínuo e de práticas regulares para fazer isso. Em um mestre como a Amma, essas qualidades positivas manifestam-se espontaneamente.

Muitos dos devotos da Amma já demonstram alguns bons hábitos de forma espontânea, como repetir o mantra *"Om Namah Shivaya"* quando se cumprimentam. Alguns cumprimentam até mesmo colegas de trabalho e outros amigos dizendo *"Om Namah Shivaya"*.

---

[1] Mestre. Neste livro, *guru* é usado alternadamente com *satguru* ou Verdadeiro Mestre.

41

Podemos observar os devotos prostrando-se diante da Amma antes de sentar. Esse hábito tornou-se tão natural que eles se curvam antes de sentar mesmo quando a Amma não está no salão ou até quando se sentam para comer, conversar ou ler.

Os *mahatmas* são bastante conhecidos por manifestar de forma natural todas as qualidades divinas. Há muitos anos, vi a Amma demonstrar essa espontaneidade divina de uma maneira notável. No final de um *Devi Bhava*, Dattan, um leproso com lesões por todo o corpo e com sangue e pus purgando de muitas feridas, entrou no templo. Assim que o vi, senti uma inesperada aversão e medo de pegar uma infecção. Minha reação instantânea foi de levantar-me e sair logo do templo. A reação automática da Amma foi erguer-se e correr até Dattan para abraçá-lo. Ela não parou para pensar se deveria usar luvas ou máscara antes de abraçá-lo, tal foi a expressão sincera de Suas qualidades divinas.

# Capítulo 3

# Quebrando as amarras do condicionamento

## Aprendendo com as adversidades

Se superarmos nosso condicionamento negativo, as adversidades poderão nos fortalecer. A Amma não desanimou quando passou por períodos difíceis nas mãos dos pais, vizinhos e parentes. Em vez disso, usou essas dificuldades para entender a natureza do mundo e a superficialidade do amor terreno. Seus pais e parentes viam Seu comportamento e Sua constante adoração ao Senhor como excentricidades e agiam de acordo com isso. Mesmo sendo gentil com todos, Ela raramente recebia uma palavra amiga ou um elogio.

A Amma, no lugar de buscar o amor e a afeição de quem quer que fosse, direcionou Seu coração e Sua alma a Deus. Aprendeu a não esperar nada das pessoas, continuou a cumprir com Suas obrigações e deixou que Deus se ocupasse do resto. Seu claro entendimento da natureza egoísta e egocêntrica dos seres humanos impediu que Seu amor pelos outros diminuísse, mesmo enfrentando dificuldades.

A Amma sabe que o amigo de hoje pode se tornar o inimigo de amanhã e que um inimigo pode se tornar um amigo. Por isso, Seu amor e compaixão por aqueles que A elogiam e por aqueles que A criticam são iguais.

Na verdade, muitas pessoas que criaram problemas para o *ashram* e para a Amma durante os primeiros anos, são agora beneficiárias de vários de Seus projetos de caridade. Hoje, muitas dessas pessoas ajudam-Na a desenvolver Suas atividades de serviço humanitário. Diz-se que a experiência é o melhor professor. Por mais tempo que passemos na presença de um guru, não faremos progresso espiritual, a menos que aprendamos com nossas experiências. A Amma dá o exemplo de um professor de natação. Quando estamos aprendendo a nadar, em algum momento, nosso professor nos soltará com o objetivo de nos dar confiança e coragem para nadar por conta própria. De forma semelhante, algumas vezes, Deus ou o guru pode nos dar testes e provações para que desenvolvamos nossas próprias habilidades e forças a fim de aprender a fazer as escolhas certas.

Não tomar a decisão correta ou não fazer uma boa escolha nos impede de desfrutar as melhores oportunidades da vida, criando emoções negativas, que, com o tempo, causam muito estresse e tensão.

Gostaria de ilustrar esse ponto com um pequeno incidente ocorrido nos meus primeiros anos com a Amma, durante a época em que Ela costumava aparecer em *Krishna Bhava*, antes do *Devi Bhava*. Um grupo de *brahmacharins* cantava durante o *Krishna Bhava* e outro grupo durante o *Devi Bhava*. Dois de nós havíamos acabado de aprender a tocar *tabla* (um tipo de instrumento de percussão comum na música indiana) e, durante esse período inicial de aprendizado, estávamos ansiosos para tocar sempre que pudéssemos. Por isso, nos revezávamos para tocar para a Amma.

Naqueles dias, havia poucos *brahmacharins,* e a Amma chamava um ou dois de nós, dando-nos a oportunidade de meditarmos sentados ao lado dela durante o *Devi Bhava*. Um dia, durante o *Devi Bhava*, era minha vez de tocar *tabla*. Antes de tocar, fui para o *darshan,* pensando em retornar logo para tocar o instrumento. Entretanto, quando cheguei, a Amma me pediu para sentar perto dela e meditar. Fiquei num dilema. Eu tinha a intenção de tocar, mas eis que surgia a oportunidade de sentar e meditar perto dela. Não queria desobedecer-lha, e assim, sentei.

Quando comecei a meditar, os *bhajans* (cantos devocionais) também começaram, e o *brahmacharin,* que já tinha tido a vez dele, voltou a tocar. Fiquei muito incomodado e zangado com ele! Como ousava pegar minha vez? Mas eu não podia levantar para falar com ele, pois a Amma havia me convidado para sentar perto dela. Em lugar de meditar, eu estava tendo uma verdadeira luta com o outro *brahmacharin* na minha mente. Quase meia hora já havia passado e, embora meus olhos estivessem fechados, eu não meditava. De repente, senti alguém batendo na minha cabeça como se tocasse *tabla.* Abri os olhos e era a Amma. Ela me perguntou o que eu estava fazendo. Antes que pudesse responder, disse-me para ir tocar *tabla.* Ela sabia que eu estava pensando apenas no instrumento e que estava zangado com o outro *brahmacharin.*

Não existe melhor atmosfera para a meditação do que sentar perto da Amma em *Devi Bhava,* mas por causa das minhas emoções negativas, desperdicei a oportunidade. Se a Amma tivesse vivido a mesma situação, as coisas teriam sido completamente diferentes. Ela teria feito uma escolha diferente, teria se concentrado mais em meditar do que em se preocupar em tocar tabla ou ficar furiosa com alguém.

Existe sempre algo para se aprender de qualquer experiência na vida, seja ela agradável ou desagradável. Essa é a vantagem de receber uma vida como ser humano, com as qualidades humanas inatas da inteligência e do discernimento. Se observarmos a vida da Amma, veremos que sempre que ocorreu uma coisa triste ou um incidente aparentemente infeliz, Ela não só aprendeu uma lição com aquilo como também viu a situação como uma oportunidade de se aproximar de Deus.

Mesmo antes da existência do *ashram,* a Amma era conhecida por Seu trabalho árduo. Das quatro da manhã às onze da noite ou até a meia-noite, trabalhava sem parar. Além da pesada carga de trabalho em Sua própria casa, em muitos dias era mandada para a casa de parentes que moravam longe, para ajudá-los nas tarefas domésticas. Durante um curto período, Seus pais Lhe deram dinheiro para viajar de barco pela enseada, o que Lhe agradava muito. Ela recitava "*Om*" junto com o som do motor do barco. Ao olhar para as pequenas ondulações na superfície da água, esquecia-se totalmente de si mesma. Cada momento de Sua vida era usado para conectar--se com Deus.

Algum tempo depois, Seus pais decidiram não Lhe dar mais dinheiro e disseram: "Você tem que caminhar. Não podemos mais pagar pelo barco." A Amma não ficou triste e respondeu, "Ótimo, então irei a pé." Ela precisava caminhar de oito a dez quilômetros, mas apreciava a caminhada ainda mais que o barco, apesar de levar no mínimo três vezes mais tempo. A Amma ficava feliz, pois podia ficar sozinha por um longo período. Podia caminhar em solidão pela praia, ou ao longo dos remansos, e recitar mais mantras e rezar mais. Dessa forma, usou essa situação aparentemente negativa de Sua vida em Seu benefício.

Há muitas situações acontecendo em nossas vidas e, se realmente empregarmos nosso discernimento, podemos usá-las em nosso favor. Não nos é possível ditar as experiências que devemos ter ou não; está além de nosso controle. Nossa sabedoria ou habilidade reside em converter qualquer situação em nosso benefício.

Havia uma mulher com muitos problemas no trabalho e em casa. Sempre que algo saía errado no trabalho, pegava uma fotografia na bolsa e a olhava intensamente por algum tempo. Após se recompor, retomava o trabalho em paz. Tendo observado esse comportamento por alguns dias, um dos colegas perguntou-lhe: "De quem é essa foto? Como lhe dá tanta força e calma? É de seu mestre espiritual, de seu ator de cinema favorito ou de um jogador de basquete?"

"Não, não. É do meu marido", respondeu a mulher.

"Oh! Isso é maravilhoso. Eu não sabia que tinha tanto amor por seu marido", replicou o colega.

"Não tenho", disse a mulher, "É que sempre que um problema aparece e eu começo a perder o equilíbrio, basta olhar para a foto dele e todos os problemas parecem insignificantes. Em comparação a ele, qualquer problema tem solução." Em suma, essa mulher era capaz de manter as coisas na justa perspectiva e obter força de uma situação adversa.

## Domando o elefante selvagem

No início, quando viemos morar com a Amma, não sabíamos como deveríamos nos comportar com um guru ou como respeitá-lo. Somente depois que começamos a estudar as escrituras, começamos a entender a grandeza de um guru e o código de conduta necessário para nosso relacionamento com ele. Antes disso, não tínhamos como saber, pois a Amma nunca nos dissera nada.

Ela nunca disse: "Vocês têm que me respeitar", ou "Vocês devem se prostrar diante de Mim", ou ainda, "Vocês devem se comportar de tal e tal forma diante de Mim." Embora precisássemos ouvir essas instruções, Ela não nos dizia qualquer coisa. Algumas vezes, nós a desobedecíamos e nos comportávamos com desrespeito. Contudo, a Amma, por Sua compaixão e compreensão, nos aceitava com todas as nossas negatividades. Mesmo que cometêssemos um erro ou A desobedecêssemos, Ela simplesmente sorria ou ficava quieta, sem tentar nos impor uma disciplina. Mais tarde, quando percebíamos nossos erros, íamos até Ela e nos desculpávamos.

Certo dia, a Amma disse algo que eu não quis aceitar e comecei a discutir com Ela. Quando alguém argumentava com Ela ou A desobedecia, normalmente Ela não apresentava objeção. No entanto, naquele dia em particular, a Amma começou a discutir comigo, o que me pegou de surpresa. Ela disse: "Não, o que você disse não está certo." Mas eu não queria me render. No final, elevei tanto o tom de voz, que a Amma se levantou e foi para Seu quarto. Eu não queria interromper o debate, pois queria a certeza de ter vencido. Assim, também me ergui e A segui. Ela foi até seu quarto, sentou-se e começou a meditar, com a porta entreaberta. Como eu não podia continuar minha discussão, esperei do lado de fora, na esperança de que a Amma sairia em breve, e eu poderia continuar de onde havia parado. Esperei durante quinze minutos, mas nada aconteceu. Quarenta e cinco minutos depois, Ela ainda não tinha saído e continuava a meditar. Não tive paciência para esperar mais. Também não queria perturbá-la enquanto meditava, por isso pensei em continuar mais tarde. A Amma só saiu do quarto depois de duas horas e meia. A essa altura, eu já estava envolvido em um trabalho e tinha que ir a uma cidade próxima. Mesmo assim, eu continuava a pensar que o que eu tinha dito estava certo e que o provaria a Ela. Embora minha mente estivesse cheia de arrogância e raiva, não podia deixar de ficar surpreso que, mesmo após uma discussão tão forte, a Amma conseguia meditar como se nada tivesse acontecido.

Lenta e constantemente, o amor infinitamente paciente venceu a minha raiva, e minha mente se acalmou. Quase duas semanas se passaram antes que eu tivesse uma chance de estar com a Amma novamente. Desculpei-me pelo modo como havia me comportado e disse: "Amma, depois daquela discussão acalorada, a Senhora foi para o quarto e mergulhou em meditação. Eu, por outro lado, lutei durante dez dias para conseguir meditar. Assim que fechava os olhos, tudo o que conseguia pensar era em como vencê-La naquela discussão. Meditei sobre isso por dez dias! Não conseguia nem mesmo cantar um mantra em paz. Como a Senhora pôde meditar logo depois de uma briga, como se nada tivesse acontecido?"

Amma respondeu: "Assim que percebi que seria uma perda de tempo discutir com um rapaz inútil como você, minha mente se introverteu. Um décimo de segundo foi suficiente para que isso acontecesse."

Quanto a mim, mesmo depois de dez dias, ainda não havia percebido que minha meditação estava sendo perturbada pela minha própria negatividade. Algumas vezes, é preciso anos, e até várias vidas, para perceber isso. Um mestre nos fará compreender essas situações em muito pouco tempo. A Amma diz que a raiva é como uma faca sem cabo, que tanto fere a pessoa atacada quanto aquela que ataca. Conhecemos bem os efeitos ruins da raiva em nosso corpo e em nossa mente, assim como em nossa família e na sociedade como um todo. A raiva libera muitos hormônios maléficos em nosso corpo, que se queima como se pegasse fogo, e gera uma devastação em nosso sistema imunológico. O que talvez não saibamos é como a raiva pode aumentar nossa cadeia cármica e impedir que a graça de Deus chegue até nós. Quando o ego é ferido, nossa primeira reação é nos zangarmos. Cheios de raiva, proferimos muitas palavras e cometemos ações impensadas. Através dessas palavras e ações, podemos até ferir uma pessoa inocente. A Amma diz que quando nos zangamos com alguém inocente, essa pessoa pode até clamar a Deus: "Oh, Deus, eu não fiz nada errado. Por que estou sendo tratada dessa maneira?" As vibrações desses sentimentos dolorosos com certeza nos atingirão, escurecendo nossa aura como a fuligem embaça um vidro. E da mesma forma que a luz do sol não pode atravessar um vidro escurecido pela fumaça, essas manchas impedem a graça de Deus de chegar até nós. A Amma também diz que quando nos enraivecemos, perdemos energia através de cada poro do corpo. E assim, muita energia espiritual conquistada a duras penas é dissipada sem necessidade.

Imagine que temos o hábito de nos zangar com as pessoas. Quando isso acontece, tentamos não ficar irritados. Desenvolvendo a consciência e a paciência, podemos pouco a pouco superar a raiva.

Na tentativa de transcender a raiva, treine a mente para reconhecer os aspectos negativos desse sentimento. Em seguida, observe a manifestação da raiva em várias situações. Só de olhá-la da posição de um observador distinto e separado, já estamos nos desprendendo dela. Enquanto estivermos identificados com as nossas emoções, como raiva, luxúria e medo, nunca seremos capazes de controlá-las. Precisamos criar um espaço entre as emoções que nossa mente produz e nós mesmos.

Da mesma forma que domamos um elefante selvagem ou um jovem cavalo, podemos no início tentar controlar as expressões de raiva em nossas palavras e ações. Mais tarde, podemos observar como ela surge na mente e sermos simples testemunhas do aparecimento e desaparecimento da raiva dentro de nós. Veremos a raiva como se estivéssemos em uma praia, observando o ir e vir de ondas no oceano. No final, ficaremos completamente livres da influência prejudicial da raiva.

## Emoções mutáveis, amor imutável

Muitas vezes, a Amma demonstra emoções humanas apenas para que possamos nos sentir mais perto dela. Em um momento, a Amma pode estar vertendo lágrimas ao ouvir os problemas de um devoto. No outro, está rindo, compartilhando da alegria de outro devoto. Imagine que a Amma esteja em lágrimas ao ouvir os sofrimentos de um devoto. O próximo devoto que chega para o *darshan* diz: "Hoje é meu aniversário." Se Ela continuasse a chorar, o que sentiria esse devoto que aniversaria? Portanto, a cada pessoa que chega para o *darshan*, a Amma atua como um espelho, refletindo o estado de espírito de cada um. Ela pode expressar contrariedade pelos erros de alguém, mas no momento seguinte, poderá abraçar essa mesma pessoa, enquanto nós, por outro lado, podemos levar dias até poder abraçar alguém que nos tenha aborrecido. A Amma consegue apagar e substituir as emoções em Sua mente quando e como deseja. Ela possui o lápis para escrever algo em Sua mente e a borracha para apagá-lo.

Quando a Amma está zangada ou aborrecida, podemos achar que Ela não gosta de nós. Isso não é verdade. Ela simplesmente diz o que precisa ser dito para o nosso próprio crescimento espiritual e segue em frente. Não permanece de modo algum apegada à raiva. As emoções da Amma são como uma linha traçada na água. Quanto tempo dura uma linha feita na água? Contudo, gostaria de deixar claro que, só porque Ela não tem apego às emoções, isso não significa que não nos ame ou não se importe conosco.

Assim que alguém recebe o *darshan*, a Amma já está pronta para receber as emoções da pessoa seguinte. Seu amor é como o oceano, e todas as emoções que Ela expressa são apenas ondas, espuma e vapor.

50

Basicamente, todos são água, mas em formas diferentes. Da mesma maneira, sob cada ação e palavra da Amma existe puro amor. Nós também podemos alcançar esse estado, mas isso exige uma enorme prática, vigilância e consciência.

Quando somos dominados por nossas emoções, não podemos ajudar alguém, nem mesmo a nós mesmos. Quando somos capazes de transcender nossas emoções e nossa negatividade, podemos ajudar muitas pessoas.

# Capítulo 4

# O amor da Amma

## O propósito da vida da Amma

Quando a Amma era muito jovem, costumava visitar as casas vizinhas para recolher restos de comida (principalmente casca de mandioca), para alimentar as vacas da família. Ela descobriu que, em muitas casas, as crianças não tinham comida suficiente e dormiam na posição fetal por causa da fome. Em outras, Ela via idosos totalmente negligenciados pelos filhos. Muitas pessoas estavam doentes e sem dinheiro para um tratamento adequado.

Quando a Amma viu essas misérias enfureceu-se com a natureza. Como vingança contra todo o sofrimento do mundo, Ela queria imolar cada centímetro de Seu corpo até a morte. Então, uma voz interior disse a Ela que se as pessoas sofriam era por causa do destino delas, que é o resultado das ações anteriores. A voz continuou: "O propósito do Seu nascimento não é abandonar o corpo assim. Existem milhões de pessoas que precisam da Sua ajuda e orientação. Sua vida é para servi-las. Ao servi-las, Você estará servindo a Mim (a Verdade Suprema)."

A Amma reconheceu: "Se é o destino delas sofrer, é meu dever ajudá-las."

# O amor de Deus em um corpo humano

*"Ela está aqui diante de nós, o amor de Deus em um corpo humano."*

Dra. Jane Goodall, ao apresentar a Amma durante a entrega do Prêmio Gandhi-King pela Não-violência em 2002.

Muitos anos atrás, logo que me juntei ao *ashram*, um dos residentes foi pego roubando. Informamos à Amma, mas Ela nada fez. Depois de alguns meses, a mesma pessoa foi pega roubando de novo, e mais uma vez, a Amma ignorou o problema. Alguns de nós nos zangamos com isso e queríamos discutir o assunto com Ela.

Eu estava extremamente irritado com a perspectiva desse rapaz ainda permanecer no *ashram*. Sabia que, se fosse falar com a Amma sobre isso, Ela defenderia o rapaz por causa de Seu amor e compaixão e provavelmente discutiríamos porque eu não conseguiria concordar com Ela. Por isso, escrevi uma carta dizendo que se Ela não mandasse o rapaz embora, eu teria que deixar o *ashram*.

Após ler a carta, Amma me chamou e disse: "Você pode ser uma boa pessoa. Pode saber o que é certo e errado, pode até ir para algum outro *ashram* e desenvolver suas práticas espirituais se quiser, mas esse pobre rapaz não sabe o que é certo e o que é errado. Se Eu não der a ele amor o bastante, orientação correta e corrigi-lo amorosamente, quem mais irá ajudá-lo? Ele poderá até acabar na prisão. Eu vou mantê-lo aqui, mesmo se todos vocês deixarem o *ashram*."

Quando o rapaz que tinha sido pego roubando ouviu isso, lágrimas rolaram na face dele. Desse momento em diante, ele se transformou e nunca mais roubou.

O amor divino e a compaixão da Amma nos fortalecem, nos alimentam e nos dão clareza mental quando estamos tranquilos na presença dela. Muitos conseguem superar vícios, apegos, preocupações e problemas através da força desse amor. O amor verdadeiro não rejeita pessoa alguma e aceita a todos. A Amma diz: "Para Mim, rejeitar alguém seria como rejeitar o Meu próprio Ser, porque Eu não sou separada de qualquer pessoa e ninguém é separado de Mim." Por isso, a Amma só pode amar a todos e jamais odiar alguém.

Assim como a luz e o calor são a natureza do sol, o amor e a compaixão são a natureza de todos os grandes mestres. Depende de nós como usamos esse amor. A natureza do rio é fluir. Podemos beber a água do rio, banhar-nos nele, sentar nas margens dele, apreciar a brisa fresca ou até mesmo cuspir nele. O rio não se importa com isso, simplesmente continua fluindo. Da mesma forma, a Amma continua dando Seu amor sem parar.

Costuma-se dizer que, na presença de uma pessoa que está estabelecida no amor supremo, até mesmo os animais hostis e ferozes ficam calmos.

Há muitos anos, um dos cães com os quais a Amma convivia enlouqueceu, fugiu do *ashram* e mordeu várias pessoas. Quando começaram a perseguir o cão para sacrificá-lo, ele conseguiu entrar novamente no *ashram*. A boca dele espumava, como acontece com um animal contaminado pela raiva. As pessoas gritavam: "É um cão raivoso, matem-no! Matem-no!" Algumas pessoas fugiram para um local mais seguro.

Eu gritei: "Não corram, não corram, não é preciso correr. A Amma cuidará dele." Mas preocupado com minha própria segurança, eu era um daqueles que corriam! Corri para o mais longe que pude.

Ao ouvir a confusão, a Amma saiu da cabana e, em um segundo, percebeu o que estava acontecendo. Ela caminhou até o cachorro dizendo: *"Mon, mon!"*, que significa: "Meu filho, meu filho!"

Alguns gritaram para Ela: "Amma, por favor, afaste-se. Ele está com raiva. Vai mordê-La!", mas a Amma não deu atenção aos nossos avisos. Continuou andando na direção do animal. Ao contrário do que esperávamos, o cão ficou imóvel, como se estivesse hipnotizado, enquanto a Amma lhe fazia carinho. Ela pediu que trouxessem comida da cozinha. A pessoa que trouxe a comida temia se aproximar, por isso manteve certa distância quando a entregou a Amma. A

Amma pegou a comida, alimentou o animal com as próprias mãos e depois comeu os restos, cheios da saliva do cão.

Todos nós ficamos horrorizados com aquilo e temíamos que fosse contaminada pela raiva. A Amma ignorou nossos avisos e preocupações. Insistimos para que tomasse injeções anti-rábicas, mas Ela disse que não, e não mesmo. Surpreendentemente, nada aconteceu com Ela, embora o cão viesse a falecer em questão de minutos, provando claramente que estava infectado com a raiva.

Fiquei completamente estupefato com o que vi e muito curioso para saber por que a Amma comera os restos da comida do cão. Quando perguntei isso a Ela, Sua resposta encheu meus olhos de lágrimas. Ela disse que ao ingerir a sobra da comida, estava finalizando o carma do animal de uma vez por todas, tomando-o para Si. O cão raivoso tinha sido capaz de sentir o amor da Amma e permaneceu quieto.

Mesmo nossos amigos e parentes não são capazes de nos amar como a Amma. Ela explica: "Se fazemos cem coisas boas e uma ruim, as pessoas nos rejeitam, mas a Amma aceitará você mesmo que faça cem coisas ruins e nenhuma boa."

Para ilustrar o amor limitado de nossos amigos e parentes, há uma história de dois mochileiros que eram muito amigos. Durante uma viagem, viram um enorme urso prestes a atacá-los. Um deles abriu a mochila rapidamente, pegou um par de calçados para corrida e já começava a trocar a bota pelo tênis quando o colega lhe disse: "Hei! Você nunca vai conseguir correr mais rápido do que o urso. Para que está colocando o tênis? E o outro respondeu: "Quem disse que preciso correr mais do que o urso? Só preciso correr mais rápido do que você."

Esse é um exemplo do amor terreno. Quando nossa vida está em perigo, não nos importamos mais com os outros em volta. Nenhum de nós está preparado para oferecer a própria vida no lugar de um amigo agonizante.

É por isso que a Amma diz: "Não espere coisa alguma do mundo e das pessoas do mundo, porque o amor altruísta é muito raro." A expectativa leva ao desapontamento e à frustração. Esperar um amor puro e imutável de um mundo mutável e egoísta é tolice.

## Amizade

adveṣṭā sarva bhūtānāṁ maitraḥ karuṇa eva ca
nirmamo nirahaṁkāraḥ samaduḥkhasukhaḥ kṣamī

*Afetuosa e misericordiosa com todos e*
*sem nenhum toque de ódio,*
*destituída de arrogância e possessividade,*
*sempre contente e contemplativa,*
*igual na alegria e na desgraça,*
*uma pessoa com essas qualidades é querida por Mim.*

*Bhagavad Gita*, Cap. XII, versículo 13

Certo dia, uma nova devota aproximou-se da Amma e disse: "Amma, a Senhora sempre nos diz para amarmos a todos. Infelizmente, não consigo fazer isso. Não sou capaz de amar qualquer pessoa de todo o coração. O que posso fazer?"

A Amma respondeu suavemente: "Filha, não se preocupe se não conseguir amar a todos; tente, pelo menos, não guardar rancor dos outros. Isso aos poucos a levará ao estado de amar a todos."

A devota mais tarde exclamou: "Eu havia feito essa pergunta a muitas pessoas, até mesmo a alguns psicólogos. Ninguém havia conseguido dar uma resposta prática e satisfatória. Quando a Amma me respondeu, logo meu coração ficou livre de um enorme peso."

*Maitri* ou amizade por todos os seres é uma característica importante de um verdadeiro devoto. Já vimos que um verdadeiro devoto não guarda rancor de pessoa alguma no mundo. Com a palavra *maitri*, Krishna deixou claro que a característica inconfundível de um verdadeiro devoto não é só a ausência de ódio, mas também um sentimento positivo e vibrante de amizade e fraternidade com todos os seres, pois um devoto verdadeiramente vê o Senhor em toda a criação.

O *Srimad Bhagavatam*[1] diz que aquele que adora o Senhor apenas na forma de Sua imagem é um devoto primitivo. Um devoto genuíno adora e serve o Senhor vendo-O em toda a criação. A disposição amistosa de um devoto com todos os seres surge do amor verdadeiro, é espontânea e nasce naturalmente no devoto.

Por outro lado, a amizade que em geral vemos no mundo é influenciada pelos gostos e aversões, e em geral é limitada pelas considerações de casta, credo, riqueza, status na sociedade etc. A maioria das vezes essa amizade é baseada no egoísmo e nos interesses mútuos. Os pensamentos de ganho pessoal são o fator motivador por trás da amizade terrena. Embora a maioria dos homens de negócios possa demonstrar amizade e comportar-se amavelmente com os clientes, isso é só uma demonstração externa. Eles se comportam dessa maneira de olho nos lucros que receberão desses clientes. Quando acham que não terão vantagens em demonstrar amabilidade a um determinado cliente, o entusiasmo deles esmorece e toda a amizade desaparece.

Lembro de uma história que revela a natureza do tipo de amizade que costumamos ver no mundo de hoje. Um menino recebeu uma cesta de tomates da mãe, que lhe pediu para vendê-los no mercado. Ela disse-lhe também o preço pelo qual deveria vendê-los. Quando estava no mercado, os amigos foram comprar os tomates do menino, que lhes ofereceu um desconto especial. À noite, o garoto voltou para casa, tendo obtido um bom lucro. A mãe dele, sabendo do desconto especial que o filho havia oferecido aos amigos, perguntou-lhe: "Como conseguiu mesmo assim ter um lucro tão bom?"

O filho respondeu: "Eu lhes ofereci os tomates a um preço mais baixo que o normal porque são meus amigos. Em contrapartida, tirei alguns dos tomates da balança porque sou amigo deles."

---

[1] O *Srimad Bhagavatam* descreve em detalhes as vidas de dez encarnações de Vishnu, especialmente Krishna e sua infância plena de brincadeiras. Ele destaca a supremacia da devoção. *Srimad* quer dizer "auspicioso".

A amizade que um devoto sente pelos outros é universal e isenta de qualquer consideração egoísta. Em um dos seus poemas, o grande mestre Adi Shankaracharya[2] elabora o seguinte pensamento: "Shiva e Parvati são meus pais, todos os devotos do Senhor são meus parentes, e os três mundos minha terra nativa." Tulsidas, famoso por seu *Ramayana* em híndi, também disse: "Não existem castas superiores e inferiores entre os devotos. Um devoto do Senhor é, em realidade, um brâmane, mesmo que tenha nascido em uma casta inferior." Havia uma profunda amizade entre o grande rei Rama e o barqueiro Guha. Krishna, que tinha nascido em uma família real, e Sudama, um pobre brâmane, também eram muito amigos. Esses exemplos nos mostram que a amizade entre grandes almas transpõe divisões estreitas.

Um verdadeiro devoto do Senhor, com sua simples presença, espalha vibrações de amor e amizade em volta. Essa amizade não está limitada aos seres humanos, mas compreende toda a criação.

Um dos *ashrams* fundados por Adi Shankaracharya fica situado no sul da Índia, em um local chamado Sringeri, às margens do rio Tunga. Há uma lenda sobre esse *ashram*. Certa vez, Adi Shankaracharya passou por Sringeri durante uma de suas viagens por todo o país. Caminhando pela margem do rio Tunga, o grande mestre foi surpreendido de repente por uma visão incomum.

Uma naja usava a cabeça distendida para proteger uma rã grávida do calor causticante do sol. Adi Shankaracharya logo se sentou para meditar e compreender a causa por trás daquela cena surpreendente. Ele percebeu que em tempos idos, um grande sábio tinha vivido naquele local, e que aquele homem havia amado todos os seres e animais selvagens, serpentes e pássaros como seus próprios filhos. Por causa da influência da presença abençoada do sábio, a agressividade entre animais que eram predadores naturais tinha desaparecido e havia sido substituída por um sentimento de amor e

---

[2] Adi Shankaracharya era um *mahatma* que restabeleceu a supremacia da filosofia Advaita, que preconizava a não-dualidade em uma época em que o Sanatana Dharma estava em declínio.

amizade. A grandeza do *rishi* (sábio) era tal que, séculos mais tarde, essa amizade continuava a prevalecer.

Quanta verdade existe nos aforismos do sábio Patanjali:

ahimsā pratiṣṭhāyām tat
saññidhau vairatyāgaḥ

*Na presença daquele que está fundamentado*
*em Ahimsa (não-violência), toda a agressividade desaparece.*

A vida da Amma é uma ilustração brilhante de tal *maitri* universal. Uma encarnação da maternidade universal, Ela é perfeitamente amorosa com todos -ricos ou pobres, jovens ou idosos, doentes ou saudáveis- não se importando com qualquer tipo de distinção. O amor da Amma é tão espontâneo e natural que todos sentem que Ela faz parte do próprio ser deles. Ninguém é um estranho para Ela. Mesmo o pior dos pecadores e aqueles com o mais enrijecido coração ficam comovidos com o abrangente amor e amizade da Amma.

Há alguns anos, estava sendo celebrado um festival em um famoso templo em Kerala. De repente, começou uma briga entre dois grupos, e toda a área do templo tornou-se um campo de batalha. Foi imposto um toque de recolher, e a polícia precisou dispersar a multidão pela força. Nesse processo, muitas pessoas ficaram feridas.

Havia um policial idoso, grosseiro e violento, que tinha espancado sem misericórdia muitas pessoas. Em uma ocasião posterior, o mesmo homem prestou serviço de segurança durante a inauguração do Instituto de Ciências Médicas e Centro de Pesquisas Amrita, o hospital da Amma em Kochi, no estado de Kerala. Como eram esperados o primeiro-ministro da Índia, o governador de Kerala e muitas outras personalidades, foram tomadas importantes medidas de segurança. Esse policial nunca havia visto a Amma pessoalmente, nem era devoto. Estava ali apenas a trabalho.

Assim que ele A viu, esqueceu-se de todo o protocolo. Tirou o quepe, os sapatos e caiu aos pés da Amma. Normalmente, um policial não faria tal coisa na presença dos superiores sem ter permissão. Esse homem não seguiu a etiqueta, tal o impacto da presença da Amma sobre ele. Ele não tinha conhecimento algum sobre espiritualidade e era bem conhecido por seu comportamento agressivo. Se um policial violento como ele pôde sentir o amor e a compaixão da Amma à primeira vista e passar por tal transformação, deveria ser mais fácil para nós.

O amor da Amma não é limitado à humanidade, mas engloba todo o mundo de seres vivos. Durante o período de Sua intensa *sadhana* (prática espiritual), cães, gatos, vacas, cabras, cobras, esquilos e pássaros procuravam a companhia dela e tornavam-se amigos íntimos. Na época em que os próprios amigos e parentes da Amma A abandonaram e opuseram-se incondicionalmente à vida espiritual dela, foram aqueles animais que ficaram do lado dela o tempo todo e que a Ela prestaram serviços no sol ou na chuva. Quando a Amma tinha fome, um cão trazia-Lhe algo para comer, ou as águias deixavam cair um peixe no local em que Ela estava sentada. Certo dia, após uma longa meditação, a Amma sentiu muita sede. Quando abriu os olhos, viu uma vaca junto dela, numa posição tal que a Amma podia beber o leite das tetas facilmente. De fato, o animal foi visto vindo correndo de uma casa a seis quilômetros dali. Quando a Amma permanecia em prolongado *samadhi* (um estado de transcendência em que se perde todo o sentido de identidade individual), serpentes se enroscavam no corpo dela para trazê-La de volta à consciência normal. Quando a Amma perdia os sentidos, orando com fervor para Devi, um cão se esfregava contra o corpo dela e A lambia para reanimá-La.

Quando perguntada sobre esses incidentes, a Amma disse: "Quando alguém se livra de todo o apego e aversão e obtém a visão unificada, até mesmo os animais hostis se tornam amigáveis."

Mesmo hoje em dia, testemunhamos com freqüência animais e pássaros demonstrando sentimentos de amizade e intimidade com a Amma.

O *maitri* universal da Amma e a total identificação dela com toda a criação são amplamente revelados através de Suas palavras aos filhos: "Amar verdadeiramente a Amma é amar igualmente todos os seres no mundo."

## Verdade versus amor

Muitos habitantes das vilas em torno do *ashram* são comunistas e ateus convictos, que nunca quiseram que um *ashram* fosse construído na vizinhança. No início, tentaram de tudo para destruí-lo. Protestavam em grupo, gritando slogans e até jogando pedras no *ashram*.

Em um desses incidentes, alguns arruaceiros de um pequeno grupo começaram a atirar pedras nas paredes do *ashram*. Ficamos furiosos e queríamos enfrentá-los, mas a Amma disse: "Não, não, fiquem quietos! Tudo vai ficar bem."

Entretanto, quando um dos *brahmacharins* foi atingido por uma pedra, a Amma se aborreceu. Comoveu-Se ao ver aquele rapaz inocente que se refugiara a Seus pés sofrer uma pequena ferida sem razão alguma.

Na grande guerra do *Mahabharata*, houve um incidente interessante em um conflito entre o amor e a verdade. Bhishma, o temível líder militar dos Kauravas, era um grande devoto de Krishna. As circunstâncias o forçaram a lutar contra Arjuna, que também era devoto de Krishna e estava sob a proteção do Senhor. Krishna havia declarado que não pegaria em armas nessa guerra e que seria somente o cocheiro da carruagem de Arjuna. Ao ouvir as palavras do Senhor, Bhishma fez uma outra promessa, jurando fazer com que Krishna pegasse em armas. Assim, lutou furiosamente contra Arjuna e Krishna. Quando as flechas eram atiradas contra Krishna, Este não se perturbava. Suportava os ferimentos com um sorriso dócil. Não conseguindo fazer com que o Senhor lutasse, Bhishma mudou de estratégia. Começou a disparar flechas contra Arjuna que, apesar de ser um guerreiro poderoso, não podia se igualar em habilidade e experiência ao velho líder.

Incapaz de se proteger da saraivada de flechas, Arjuna buscou a proteção de Krishna, que então não pôde mais ser um mero espectador. Krishna, a manifestação da Verdade, estava prestes a quebrar Sua própria promessa. Saltou da carruagem e avançou contra Bhishma com a Sua arma. Este ficou feliz de ver a raiva do Senhor que, para manter o juramento de um devoto e salvar a vida do outro, estava pronto a incorrer na desgraça e má fama de quebrar Sua própria promessa. Assim que Krishna começou a correr na direção de Bhishma, este largou todas as armas e se prostrou diante do Senhor. O amor de um mestre pelo discípulo é tão grande que o mestre fará qualquer coisa para salvá-lo. Do mesmo modo, quando alguém fere a Amma, Ela não se importa, mas quando algum devoto é atingido, Ela não consegue tolerar.

O mesmo aconteceu no caso das pedras lançadas contra o *ashram*. Alguns dias após o incidente, raios destruíram por completo a casa do homem responsável pelo ataque. Ele teve que se mudar para outro lugar para assegurar sua sobrevivência. De fato, a Amma não causa danos a essas pessoas. Ela apenas permite que vivenciem seu carma. O ego e a maldade dessas pessoas impedem que a graça da Amma as atinja. Dessa forma, o carma dessas pessoas segue o próprio curso. Elas sofrem, na verdade, devido aos próprios atos. A Amma explica: "Eu nunca puno uma pessoa. Quando me maltratam ou hostilizam, não dou importância alguma. Mas quando um devoto é maltratado, nem Deus perdoará. Cada um deve experienciar os frutos das próprias ações. Não há outro caminho."

Há pessoas que são tão egoístas, arrogantes e fracas que não admitem ou reconhecem a grandeza dos *mahatmas*. Sempre foi assim; houve quem se opusesse a Rama, a Krishna, a Jesus e também a outros mestres.

Entretanto, centenas de milhares de pessoas foram transformadas pelo amor e compaixão incondicionais da Amma. Um casal recém casado veio ao *ashram* para ficar com a Amma. Alguém perguntou ao casal: "Por que quiseram vir ver a Amma? Vocês são recém-casados e poderiam ter viajado em lua-de-mel." O casal respondeu: "Queremos vivenciar o amor da Amma." Geralmente, os casais sentem o amor máximo entre si durante o período inicial do casamento, durante a lua-de-mel. Mesmo nesse período, esse casal queria vivenciar o amor da Amma. Portanto, existe algo de sublime, algo de divino no amor da Amma, que não pode ser equiparado ao amor que recebemos de qualquer outra fonte. É por causa disso que esse amor é capaz de causar transformações tão importantes em nossas vidas. Até mesmo os animais e as plantas reagem a essa radiante luz solar do amor da Amma.

Há alguns anos, um devoto de Chennai ofereceu um filhote de elefante para a Amma. O filhote tinha apenas um ano e meio de idade quando chegou ao *ashram,* e a Amma deu a ele o nome de Ram. Nas primeiras semanas, ele só chorava, especialmente à noite. Quando todos estavam desfrutando de um sono profundo, Ram chorava por falta da mãe. (O elefante havia sido separado da mãe e não havia jeito de reuni-los.) Acordávamos com o choro dele com freqüência.

Uma noite, o filhote chorou mais do que o normal e não quis comer. Informamos à Amma sobre isso e Ela nos disse: "Se ele continuar chorando, traga-o até aqui." Ram começou a chorar de novo. O *brahmacharin* responsável pelo animal não quis incomodar a Amma, mesmo Ela tendo dito para ser avisada se isso acontecesse. Como Ram continuava a chorar, a Amma saiu do quarto e pediu a alguns *brahmacharins* que trouxessem o elefante até o quintal na frente do quarto dela. Ram foi levado à Amma e Ela começou a acariciar suavemente a tromba e a testa do animalzinho. Também o alimentou com bananas e biscoitos e ficava fazendo perguntas a ele: "Ram, você está triste? Você gosta do *ashram*? Você gosta da Amma? Gosta de seus irmãos e irmãs daqui?" Ela perguntava como se Ram fosse capaz de compreender. Ela continuou a acariciá-lo por pelo menos meia hora com grande amor e cuidado. Depois, disse aos *brahmacharins* para prender Ram na árvore ao lado do quarto dela.

Parecia que o amor e a afeição da Amma tinham deixado o filhote tão feliz que ele não sentia mais a falta da mãe. Chorou ainda durante algumas noites, mas, quando isso acontecia, a Amma pedia que Lhe trouxessem o animal e passava um tempo com ele, acarinhando-o e alimentando-o. Alguns dias depois, ele parou de chorar completamente. Tenho certeza que sentia, através da Amma, a presença e o amor da própria mãe.

Ram agora já tem quase quatro anos. Depois dos *bhajans* da noite, a Amma passa sempre um tempo alimentando-o, brincando e conversando com ele. Quando a Amma não faz isso, Ram fica muito triste. Algumas vezes, ele é desobediente e os *mahouts* (tratadores) não conseguem acalmá-lo, mas a Amma sempre consegue deixá-lo tranqüilo.

## Sensibilidade sutil

Quando as qualidades negativas aumentam nas pessoas, naturalmente suas ações prejudicarão a harmonia universal. Quando essa harmonia é perturbada, calamidades podem ocorrer. Não conseguimos sentir essa desarmonia porque nossa mente não é sutil o suficiente. Entretanto, podemos reconhecer o efeito da desarmonia. Tremores de terra, ciclones, enchentes e outras calamidades naturais, todos são sintomas dessa desarmonia. Em outros tempos, havia mais harmonia e menos desastres. Agora, a situação mudou. As calamidades naturais têm se tornado comuns. Embora não possamos sentir a desarmonia no cosmos, *mahatmas* como a Amma podem senti-la.

Quando a Amma decidiu construir um *ashram* em Madurai, pediu-me para encontrar um terreno para a construção. Com a ajuda dos devotos da região, encontrei o que achei ser um bom terreno, por um bom preço. Em nossa viagem de volta dos programas da Amma em Chennai (então chamada de Madras), em resposta a um pedido meu, a Amma parou para abençoar o terreno. Mas quando A levei para ver as terras, Ela ergueu os braços e exclamou: "Oh, Deus! O dinheiro de meus filhos de Madurai vai afundar na lama!" Os outros devotos presentes e eu ficamos muito preocupados quando vimos a reação da Amma. Minha mente não era sutil o suficiente para sentir as vibrações negativas presentes ali, mas a Amma pôde senti-las de imediato. Depois de uma investigação, descobrimos que ninguém queria aquele pedaço de terra. Por isso, havíamos comprado por um preço tão bom. O terreno era próximo a uma das maiores estradas de Tamil Nadu; aquele trecho da estrada em particular era conhecido pelo estranho número de acidentes fatais. Colisões frontais e capotagens eram comuns; ônibus haviam sido destruídos ali, e muitas pessoas haviam perdido a vida. Além disso, várias pessoas haviam se enforcado em uma determinada árvore próxima. Desde o princípio, a construção foi assolada por estranhas dificuldades. Certa vez, a tenda que abrigava todo o cimento e o suprimento de tintas de alguma forma pegou fogo, e todos os materiais foram perdidos. Descobrimos várias vezes que uma parede ou outra estrutura qualquer não havia sido construída de acordo com o projeto e tinha que ser derrubada e refeita. Equipes inteiras de operários partiam após uma semana de trabalho, dizendo simplesmente que não queriam voltar àquele lugar. Nunca havíamos experimentado esse tipo de problema na construção de qualquer *ashram*. Normalmente, construíamos uma filial do *ashram* em seis meses, mas o de Madurai levou três anos e custou três vezes mais. A profecia da Amma foi totalmente correta.

Depois de três anos de construção, a Amma disse que queria consagrar o templo mesmo com o trabalho inacabado. Depois que Ela o consagrou, o resto da construção fluiu bem, e não ocorreram outros problemas desde então. Na verdade, o antigo trecho de estrada que margeia o *ashram*, e que antes era maldito, agora é famoso por outra razão – não acontece mais acidente algum na mesma curva que havia causado tantos desastres fatais. A árvore onde muitas pessoas haviam se enforcado foi derrubada por uma tempestade. A área, que antes era desolada e inóspita, agora é cheia de casas, lojas e outros estabelecimentos. A Amma transformou uma maldição em uma benção, com o *sankalpa* (determinação divina) dela. Alguém perguntou por que havia escolhido um local tão maldito e indesejado para construir um templo, e Ela respondeu que escolhe estes lugares para que as vibrações negativas possam ser convertidas em vibrações positivas.

A Amma não é sensível apenas às vibrações negativas. Uma vez, pedimos a Ela que nos levasse a Tiruvannamalai, um local sagrado em Tamil Nadu. Durante o trajeto de carro, a Amma contava piadas e histórias. Um *brahmacharin* adormeceu com a boca aberta, e a Amma jogou-lhe água na boca e colocou-lhe algo no nariz. Ela estava brincando conosco assim, enquanto o veículo atravessava uma vila. De repente, a Amma ficou muito séria, fechou os olhos e colocou as mãos em mudras (gestos simbólicos com significado espiritual). Sentou em um estado de meditação durante cerca de dez a quinze minutos. Todos ficaram em silêncio. Em seguida, Ela abriu os olhos e, alguns minutos mais tarde, já estava conversando de novo. Não sabíamos por que havia feito isso. Pouco depois, paramos para tomar um chá. Ao ver nosso grupo em roupas brancas, cabelos longos e barbas, algumas pessoas que estavam na estrada nos perguntaram se éramos do *ashram* de um *swami* de uma vila vizinha, mas nós nunca havíamos escutado falar dele.

Alguns ficaram curiosos sobre aquele *swami* e indagaram sobre ele e sobre o *ashram*. As pessoas responderam que, a cerca de 35 km da vila onde estávamos, havia um *avadhut* (santo cujo comportamento não é conforme às normas sociais) que parecia um mendigo e vivia em solidão; pouco falava, salvo para proferir palavras e sons estranhos. Lembramo-nos então que aquele era praticamente o mesmo lugar em que a Amma tinha entrado em meditação de repente.

Mais tarde, Ela disse que sentiu fortes vibrações de compaixão naquele lugar. Esses incidentes mostram como a Amma é sensível. Eu não tinha sido capaz de sentir as vibrações negativas do terreno que eu escolhera, nem as vibrações positivas que emanavam do *avadhut* e do *ashram* dele. Mas a Amma havia experimentado ambas sem ter sido informada. Da mesma forma, Ela sente qualquer distúrbio no mundo. Ela pode sentir e perceber qualquer coisa no Universo sem estar ali fisicamente.

# Capítulo 5

# A importância de ter um guru

## Por que precisamos de um guru

*"Embora o vento sopre em todas as direções,*
*só aproveitamos o frescor sob a sombra de uma árvore.*
*De forma semelhante, um guru é necessário para nós que vive-*
*mos*
*sob o calor escaldante da existência terrena."*

Amma

Muitas pessoas se perguntam por que precisamos de um guru. Mesmo se quisermos aprender algo simples como o alfabeto, necessitaremos da ajuda de um professor. Precisamos de um professor para aprender apenas 26 símbolos, o que dizer então sobre o domínio da complexidade da vida espiritual?

Tome o exemplo de alguém que viaja a um lugar onde nunca esteve. Ele pode ter um mapa para chegar ao destino, mas no trajeto as estradas podem estar em más condições, pode haver trechos freqüentados por ladrões, desvios ou até mesmo animais selvagens. Esses detalhes não estarão incluídos no mapa. Para chegar ao destino em segurança, o viajante precisa da orientação de alguém que já tenha passado pela mesma estrada.

Da mesma forma, para viajar pela senda espiritual, precisamos de um guia que conheça a meta, conheça todas as curvas, desvios e barrancos do caminho, e conheça nossos pontos fortes e nossas fraquezas. Na Amma, temos o supremo guia para a jornada espiritual. Ela não só conhece o caminho, como está disposta a segui-lo conosco, segurando nossas mãos a cada passo, e iluminando a estrada à nossa frente.

As práticas espirituais podem ser comparadas a um tônico. Se tomado na dose certa, faz bem à saúde, mas se tomado em excesso, pode causar problemas inesperados. De forma semelhante, as práticas espirituais, feitas do modo correto e na proporção exata para nossa constituição, nos dão saúde física e mental. Mas se nos excedermos, poderão causar problemas. Somente um *satguru* pode julgar apropriadamente qual é a melhor prescrição espiritual para cada pessoa.

Uma mulher que estava muito acima do peso comprou um livro sobre como emagrecer. O livro sugeria vários tipos de remédios. Ela escolheu um cujas instruções eram: "Tomar um comprimido, pular um dia, tomar outro e pular outro dia. Continuar por seis meses".

Depois de apenas três meses, a mulher já havia perdido cinqüenta quilos, mas tinha começado a sofrer de dor de cabeça, cansaço muscular e desidratação. Isto a preocupou, e ela afinal decidiu ir ao médico, que ficou surpreso ao saber a quantidade de peso que ela tinha perdido em tão pouco tempo. "É óbvio que o tratamento está funcionando", ele disse, "mas talvez esses sintomas sejam efeitos colaterais do remédio que você está tomando".

"Não, não, as pílulas são ótimas", ela respondeu. "O que está me matando é o dia pulando."

Nós também podemos ver a importância de ter um guru ao observarmos as vidas dos avatares (encarnações divinas que vêm ao mundo só para ajudar os outros), como Rama e Krishna. Embora tenham nascido com o conhecimento do Supremo e não tivessem necessidade alguma de um guru, eles se tornaram discípulos para demonstrar ao mundo a grandiosidade do guru.

# O significado de "guru"

Os Vedas, os mais antigos textos e os mais sutis tesouros espirituais da humanidade, começam com a invocação do fogo: *"Agnimíle purohitam..."* A palavra *agni* (fogo) nesse versículo refere-se à Pura Consciência que tudo ilumina. Também representa o guru, pois a sílaba "gu" significa escuridão e "ru" quer dizer "remoção". Assim, a palavra "guru" tem o seguinte significado: "fogo que dissipa a escuridão interior". A escuridão interior é a escuridão da ignorância.

Já ouvi também a Amma dizer que as almas realizadas em Deus podem assumir o carma dos outros e queimá-lo no fogo do conhecimento do próprio Ser Superior delas.

A palavra *guru* tem outro significado maravilhoso: pesado. Pesado aqui não se refere ao excesso de peso corporal, pois, se assim fosse, haveria muitas pessoas com qualificação para ser um guru! Um verdadeiro mestre é pesado por causa da glória espiritual e grandeza que tem. Na astrologia indiana, Júpiter, o maior e o mais pesado de todos os planetas, é chamado de o planeta do guru! Krishna, embora fosse somente um pequeno vaqueiro, era considerado o guru universal pela qualidade da grandeza espiritual dele. No *Srimad Bhagavatan*, diz-se que, durante a vida de Krishna, apenas sete pessoas realmente sabiam quem Ele era. Só depois de morrerem que muitos notáveis como Krishna, Rama e Jesus foram amplamente reconhecidos como avatares. Devemos reconhecer a sorte que temos de saber que a nossa Amma é divina mesmo enquanto encarnada. É uma prova da compaixão da Amma que Ela permita que tantos de nós experimentemos Sua divindade e grandiosidade.

A maioria de nós pode dizer que recebemos muitas experiências maravilhosas com a Amma. Entretanto, se uma das nossas exigências não se materializa, esquecemos tudo sobre as experiências anteriores. Se a Amma parece não retribuir quando mostramos nossa devoção, algumas vezes podemos achar que Ela não se importa mais conosco ou que não sabe do nosso amor por Ela. Na verdade, a Amma quer que desenvolvamos nossa fé e força interior. Ela não pode atender aos nossos caprichos a toda hora. A Amma diz: "Sempre que tiverem dúvidas, lembrem-se das experiências anteriores com o guru e relembrem da forma como experimentaram a grandeza e a compaixão dele. Pensem sobre essas experiências e fortaleçam sua fé." De posse dessas experiências e vivências, devemos tentar progredir no caminho espiritual.

## Uma fonte de conhecimento espiritual

A ciência e a tecnologia exercem um enorme impacto em nossas vidas. As invenções, as novidades e os confortos que usufruímos hoje não poderiam sequer ser concebidos há algumas décadas. Mesmo assim, a inquietação e a miséria da alma humana aumentaram na mesma proporção.

As estatísticas mostram que milhares de pessoas cometem suicídio a cada ano. Não é um número pequeno. As pessoas não sabem como encontrar satisfação na vida. Tentam encontrar alívio nas posses materiais, nos relacionamentos, na diversão, no álcool, nas drogas etc. e, quando tudo falha, alguns recorrem ao suicídio. A vida é miserável para essas pessoas porque não conseguem encontrar a felicidade duradoura em lugar algum. Hoje, o padrão de vida aumentou em muitas partes do mundo, mas e a qualidade da vida? O crescente número de suicídios, crimes e revoltas é apenas um sintoma da decadência do bem-estar psicológico.

Há duas gerações, suicídios, vícios em drogas e problemas psiquiátricos eram muito menos comuns. Prevalecia a fé em Deus ou em um poder divino que guiava nossas vidas. Essa crença em Deus e o conseqüente comprometimento com uma vida baseada em valores positivos ajudavam as gerações anteriores a superar o sofrimento e encontrar equilíbrio.

Quando estamos felizes, saudáveis e prósperos, achamos que não precisamos de Deus. Essa perspectiva está errada. Deus não é um equipamento de emergência. Lembrar-se de Deus é necessário para o nosso bem-estar mental e emocional. Esse princípio se reflete na paz e felicidade que podemos sentir após apenas um pouco de prática espiritual.

A Amma diz que a vida é uma mistura de prazer e dor, e que a espiritualidade nos ensina como manter a equanimidade em todas as circunstâncias. Só assim poderemos levar uma vida tranqüila. Sem a espiritualidade para guiar nossos pensamentos e ações, qualquer pequeno problema poderá nos afetar profundamente. O que podemos fazer para não sermos afetados? A Amma nos dá um exemplo. O povo está soltando fogos de artifício em um determinado local. Se uma pessoa que sabe disso passar por ali, não vai se assustar com o som de uma explosão. Por outro lado, uma pessoa que não sabe o que está acontecendo e que não está preparada ficará assustada quando os fogos começarem a explodir de repente perto dela. Da mesma forma, uma pessoa que entende a natureza do mundo, não ficará chocada com calamidades inesperadas.

É necessário ter uma base espiritual para tudo na vida. A compaixão, o amor e o altruísmo devem estar presentes em todos os relacionamentos. Se não houver ao menos uma base interior de espiritualidade e de valores a ela associados, não será possível manter um relacionamento amoroso. Nesses tempos modernos, muitos casamentos estão se desfazendo. Como seria diferente se cada marido e cada esposa perdoasse e esquecesse os erros do outro.

Quando uma pessoa procura um psicólogo ou um psiquiatra por causa de um problema como a depressão, esse profissional aconselhará o paciente a relaxar e a praticar o pensamento positivo, a meditação e outros métodos para superar a depressão. Alguns psiquiatras não chamam o tratamento de meditação, mas usam algum outro nome como "visualização criativa".

Como santos e sábios já disseram há milênios, voltar-se para Deus e seguir práticas espirituais nos ajudam a desenvolver valores que nos oferecem paz de espírito, apesar desse nosso mundo complexo e sempre em transformação. A pessoa só precisa seguir os conselhos dos mestres para evitar a depressão e o risco de se tornar uma paciente psiquiátrica.

# Um exemplo de amor altruísta

As escrituras dizem *"Atmanastu kamaya sarvam priyam bhavati"*, que significa: "É para o bem de nossa própria felicidade que gostamos dos objetos e das outras pessoas." Amamos os outros e os objetos enquanto nos fazem felizes. A base lastimável dessa verdade é que amamos a nós mesmos mais do que aos outros. Praticamente todos nós estamos em busca de amor, enquanto muito poucos estão prontos para dar amor sem esperar algo em troca. Se esperamos alguma coisa em troca quando damos nosso amor, isso não pode ser chamado de amor puro. Ao contrário, é uma transação motivada pelo lucro. Isso é lastimável, porque o amor não é um produto de consumo que tem um valor de mercado específico. O que é comercializado em nome do amor não é absolutamente amor. É como uma fruta de plástico que nos dá prazer aos olhos, mas que não pode alimentar nosso corpo e nossa alma.

Um homem infeliz acha que encontrará a alegria se casar, e uma mulher acredita que, se casar, sua infelicidade desaparecerá. Assim, uma pessoa infeliz se casa com outra também infeliz. Haverá somente duas pessoas infelizes vivendo juntas. Elas podem ser felizes por um tempo limitado, mas os problemas surgirão.

Muitas esposas e maridos brigam e se separam. No início, eles se amavam muito. Durante a lua-de-mel, cada um deles dizia: "Não posso viver um só momento sem você." Após alguns anos, o sentimento é o inverso: "Eu não consigo viver um só minuto com você."

Essa é a natureza do amor terreno. Ele é sempre baseado em expectativas e, quando elas não são atendidas, o amor deixa de existir e pode até se transformar em ódio. O que todos nós desejamos é o amor incondicional, mas só recebemos o amor condicional. O marido e a esposa se amam no início, mas no final, o amor se deteriora porque era baseado em motivos egoístas. Quando o encanto da novidade some, ambos descobrem que não estão satisfeitos com o amor que estão recebendo um do outro.

A Amma sempre diz: "Quando há amor mútuo, compreensão e confiança, nossos problemas e preocupações diminuem. Quando essas qualidades não estão presentes, os problemas aumentam. O amor é a base de uma vida feliz. Consciente ou inconscientemente, ignoramos essa verdade. Da mesma forma que nossos corpos precisam de alimentos adequados para viver e crescer, nossas almas precisam de amor para crescer. O alimento e a energia que o amor pode dar às nossas almas têm ainda mais força do que o poder de nutrição do leite materno para um bebê."

A Amma nos diz para amarmos aos outros, mas para não esperar algo em troca, e devemos trabalhar para alcançar essa meta. Podemos ver esse amor altruísta em um mestre Auto-Realizado. Ele não espera nada de ninguém.

# A presença que cura

Podemos ter muitos problemas em nossa vida pessoal, mas quando estamos na presença de um *satguru* como a Amma, nossa mente se torna calma e nossas aflições desaparecem. Tenho visto muitas pessoas que chegam à Amma com perguntas e dúvidas, mas no momento em que repousam no colo dela ou que são abraçados por Ela, tudo desaparece da mente delas. Após o *darshan*, elas percebem que esqueceram de fazer as perguntas. Com freqüência, descobrem que os problemas que eram cruciais não perturbam mais a mente. Em algum nível, ocorre uma transformação. Esse é o benefício de estar na presença divina da Amma.

Em Chicago em 1993, quando a Amma estava no Centenário do Parlamento das Religiões do Mundo, solicitaram que fizesse as orações e a mensagem de encerramento. Os devotos levaram o carro para perto da porta do palco para que a Amma pudesse entrar nele o mais rápido possível quando o evento terminasse, senão as pessoas se aglutinariam em torno dela. Como o Dalai Lama e outras importantes celebridades também estavam no palco com a Amma, havia uma segurança rígida. Por causa disso, havia sido difícil conseguir permissão para estacionar o carro ali perto. A Amma terminou a oração e a mensagem e estava atravessando a porta do palco para chegar ao carro, quando viu um segurança discutindo com um devoto. O rosto do guarda estava vermelho de raiva e a voz dele estava alterada. A Amma caminhou diretamente até o homem, afagou o peito dele e lhe deu um abraço. O guarda foi tomado por uma surpresa total com esse inesperado abraço amoroso e reconfortante.

O segurança, que havia insistido para que tirassem o carro por motivos de segurança, e para que a Amma fosse levada através do portão designado e não através de outra porta, escoltou a Amma até o carro e Lhe abriu a porta! Um simples toque foi suficiente para mudá-lo. No ano seguinte, quando a Amma foi a Chicago, ele era o primeiro na fila do *darshan*.

Quando uma flor se abre por inteiro, qualquer pessoa que passe por ela receberá o presente de sua fragrância. Da mesma forma, a Amma transborda de amor, compaixão e graça. Qualquer pessoa que se aproximar dela, naturalmente irá se beneficiar.

Certa vez, visitei a casa de um dos devotos da Amma. Havia uma adolescente na casa, cujo quarto estava coberto de quadros indecentes. Os pais da menina eram devotos convictos da Amma, mas a menina se recusava a encontrá-La, o que deixava sua mãe muito aborrecida. No ano seguinte, essa mesma menina ajoelhou-se diante da Amma e chorou sem parar. Assim que voltou para casa, tirou todos os quadros do quarto. Pouco tempo depois, quando visitei a casa, vi somente duas gravuras no quarto da menina. Uma delas era uma foto da Amma e a outra era uma foto da menina com Ela. Ninguém lhe disse para retirar as outras gravuras, ela fez isso por si mesma.

É muito difícil superar nossos gostos, aversões e tendências negativas, mas, na presença de um grande mestre como a Amma, isso se torna muito mais fácil e pode até acontecer espontaneamente.

# Uma expressão da compaixão de Deus

na me pārthā'sti kartavyaṁ triṣu lokeṣu kiṁcana
nā 'navāptam avāptavyaṁ varta eva ca karmaṇi

*Não tenho dever a cumprir, nem há qualquer coisa
inatingível nos três mundos que deva ser alcançada,
ainda assim, estou sempre em ação.*

*Bhagavad Gita*, Capítulo III, verso 22

A Amma diz que os *mahatmas* são portadores da compaixão de Deus e veículos da graça de Deus. Algumas escrituras dizem que os *mahatmas* são ainda mais misericordiosos do que Deus, porque vêm ao mundo sem nenhuma outra razão além de nos ajudar e nos elevar. Eles já atingiram o que havia de ser alcançado com a vida humana. São plenos e completos; não desejam qualquer coisa exceto dar. Poderiam ficar em um estado constante de infinita bem-aventurança. Em vez disso, escolhem deixar aquele estado e descer ao nosso plano de consciência para nos ajudar.

A Amma diz: "Meu único objetivo é fazer Meus filhos felizes nessa vida e em todas as vidas futuras." Dia e noite, ela ouve os problemas de milhares de pessoas e vem fazendo isso ao longo dos últimos trinta anos. Até agora, a Amma encontrou, abraçou e ouviu pessoalmente os problemas e dificuldades de mais de trinta milhões de pessoas. Não é necessário mencionar qualquer outro exemplo para provar a amplitude de Sua compaixão. A Amma não tem necessidade alguma de fazer isso; Ela o faz para o nosso bem.

Ainda que a Amma nunca fique triste por Si mesma, Ela se entristece e se incomoda quando os devotos dela estão tristes. Ela é dura como um diamante, mas, quando se trata de Seus filhos, é tão delicada como uma flor. Nossos sofrimentos são refletidos em Sua mente, e Ela se comove com eles. A Amma vive apenas pelo bem dos que buscam a ajuda dela.

Se rezarmos para a Amma de todo o coração, Ela cuidará de tudo. Muitos problemas serão resolvidos e receberemos a força e a coragem para aceitar e encarar os que ainda restarem. Quando você vai até um *mahatma*, as complexidades da vida parecem se simplificar. Havia um casal na Índia que tinha um único filho. Os pais eram bastante religiosos e aconselhavam o filho a rezar a Deus, mas ele não dava atenção às palavras dos pais, e nunca havia rezado em toda a vida. Um dia, o filho recebeu uma proposta de emprego no Oriente Médio e decidiu aceitar. Os pais, devotos da Amma, pediram a ele que A visitasse antes de partir, porque ele estava viajando a um lugar distante e só voltaria em dois ou três anos. Pediram-lhe que levasse todos os documentos ao *ashram* para que a Amma pudesse abençoá-los. Como ele não queria desobedecer aos pais nem aborrecê-los antes da partida, decidiu visitar a Amma.

No dia seguinte, ele foi ao *ashram* com todos os documentos a serem abençoados: passaporte, visto e nomeação. Quando foi receber o *darshan*, a Amma perguntou: "Você vai aceitar este emprego?" O rapaz respondeu: "Sim." A Amma não disse mais nada, fechou os olhos por algum tempo e o abençoou.

No ônibus de volta para casa, o rapaz ficou tão cansado que adormeceu. Quando abriu os olhos, descobriu que a maleta com os documentos havia desaparecido. Ele ficou em estado de choque; não podia acreditar no que havia acontecido. Logo esses sentimentos se transformaram em uma fúria total. Assim que saiu do ônibus, correu para casa como louco, quase bateu nos pais, pois achava que a vida dele tinha sido arruinada por causa deles. Disse-lhes que era culpa deles por tê-lo mandado ver a Amma, e que por isso ele havia perdido tudo. Os pais também ficaram muito tristes. Não sabiam como responder ao filho ou como consolá-lo.

No dia seguinte, o casal foi visitar a Amma. Em lágrimas, contaram o acontecido com o filho no dia anterior e disseram que tinham ido até Ela sem o conhecimento dele. A Amma disse que não se preocupassem e que tudo daria certo. Pouco tempo depois, eclodiu a Guerra do Golfo. Esse rapaz e alguns amigos dele haviam sido convidados para trabalhar no Iraque e alguns já estavam lá. O prédio onde ele iria trabalhar fora bombardeado. Muitas pessoas morreram e alguns amigos dele ficaram seriamente feridos. Algum tempo depois, o departamento de polícia local chamou o rapaz para informar que a maleta havia sido encontrada. O ladrão parecia ser uma pessoa relativamente boa, pois tinha pegado o dinheiro e alguns outros objetos que lhe pareceram valiosos, mas havia deixado a maleta na estrada perto da delegacia, sem mexer nem danificar os documentos. Alguém havia encontrado a maleta, e ela tinha sido prontamente entregue à polícia.

Quando contaram o ocorrido à Amma, Ela disse: "Eu sabia o que ia acontecer, mas se tivesse pedido a ele para não aceitar o emprego, ele não me escutaria e, se fosse trabalhar lá, sem dúvida teria se ferido seriamente ou até mesmo morrido. Essa era a única forma de salvar a vida dele."

Mais tarde, o rapaz recebeu uma oferta de um bom emprego através da graça da Amma, mas àquela altura, na verdade ele queria se juntar ao *ashram*, o que tinha sido motivo de muita oração dos pais dele.

Muitos devotos da Amma têm a experiência de serem pessoalmente ajudados por Ela. É claro que sempre que pedirmos de coração a ajuda da Amma, Ela responderá. Quando estamos realmente com problemas, nosso pedido a Deus por ajuda sempre é sincero e de todo coração. Quando estamos felizes e rezamos para Deus, haverás vezes há menos sinceridade em nossa oração. Quando estamos sofrendo, nosso chamado por Deus tem mais profundidade e devoção. Algumas vezes, Deus faz com que enfrentemos problemas na vida só para que não nos esqueçamos de nos voltar sinceramente para Ele.

Um devoto fervoroso da Amma em Mumbai recebeu um diagnóstico de quatro obstruções no coração. Os médicos decidiram que ele deveria se submeter a uma cirurgia cardíaca. Ele estava muito amedrontado e preocupado com isso; os filhos dele, também muito preocupados, telefonaram ao *ashram* e informaram à Amma. O pai chorava com a Amma ao telefone, principalmente por causa do medo. A Amma disse-lhe: "Não se preocupe, meu filho, tudo dará certo" e enviou-lhe um *prasad*[1] através de um outro devoto que ia para Mumbai no dia seguinte.

Dois dias antes da cirurgia, o cirurgião-chefe resolveu fazer um último exame. Com imensa surpresa, o médico descobriu que só havia uma pequena obstrução. O cirurgião-chefe consultou os colegas e decidiu que não seria necessário fazer a cirurgia logo. O devoto foi dispensado depois de receber alguns medicamentos e orientações sobre uma dieta alimentar. Ele voltou para casa feliz, agradecendo muitíssimo à Amma. Já se passaram oito anos desde que esse milagre aconteceu e até agora não houve a necessidade dele se submeter a uma cirurgia de ponte de safena.

Um pedido sincero pode fazer maravilhas, especialmente quando temos um mestre vivo. Em vez de passar a vida em buscas sem sentido, devemos tentar fazer coisas que nos tragam a graça de Deus. Sem ela, a vida é seca e vazia. Usemos nosso tempo e energia, nossos talentos e capacidades físicas para obter essa graça.

## Uma oportunidade para conhecer Deus

É uma oportunidade extraordinária estar em contato com um *mahatma*. Podemos ter fé em Deus, mas é difícil ter um relacionamento próximo a Ele, porque não é possível vê-Lo ou se comunicar com Ele diretamente. Na presença de um *mahatma*, podemos sentir e experienciar Deus, porque o *mahatma* está sempre fundamentado na consciência divina, tal qual alguém que é um com Deus.

A ligação que estabelecemos com um *mahatma* estará sempre em nossos corações e podemos sentir a Sua proteção em nossa volta. Assim como a galinha protege os pintinhos sob as asas, a Amma protege Seus filhos onde quer que estejam.

---

[1] *Prasad* é qualquer coisa abençoada por um guru ou oferecida a uma deidade, normalmente um alimento.

Certa noite, a Amma e os *brahmacharins* estavam sentados na areia perto da enseada ao lado do *ashram*. De repente, a Amma fechou os olhos e mergulhou em profunda meditação. Depois de algum tempo, quando abriu os olhos, um *brahmacharin* perguntou a Ela: "Amma, em quem a Senhora medita?" Amma respondeu que durante esses períodos pensa em Seus filhos e, de forma sutil, vai até aqueles que estão rezando por Ela com um coração ansioso. Mais tarde, Ela disse que naquele momento em particular uma devota dela, cujo marido era contrário à visita da esposa ao *ashram*, estava chorando sem parar diante de uma fotografia da Amma no santuário da casa. Depois soubemos que essa mulher havia tido uma visão da Amma naquele momento e que havia se sentido muito consolada ao saber que a Amma estava com ela até mesmo em casa.

É a companhia de um grande mestre que nos ajuda a fortalecer a mente. O amor do mestre nos permite aceitar tudo aquilo que nos acontece e enfrentar os desafios da vida. Somos extremamente afortunados em ter Deus encarnado como a Divina Mãe Amma vivendo entre nós.

Não temos realmente que nos preocupar com coisa alguma, pois podemos ter a certeza de que a Amma está sempre cuidando de nós. Sempre que um problema surge em nossas vidas, é reconfortante saber que a Amma está consciente disso, e que Ela oferecerá ajuda e apoio. Essa convicção nos dá grande alívio e conforto. A confiança inocente e o amor pelo mestre são o início de nossa evolução espiritual.

A Amma está tentando despertar em nós a consciência espiritual e qualidades positivas como o amor e a compaixão. Ela cria o exemplo através do modo como vive.

Todos nós temos essas qualidades em nosso interior. Por exemplo, mesmo um criminoso embrutecido se enche de amor quando vê seu próprio filho. Um *mahatma* cria situações para nos ajudar a cultivar e a manifestar essas qualidades amorosas. Quando esse amor desperta em nós, as qualidades negativas desaparecem aos poucos.

Muitos de nós procuramos a Amma com o objetivo de receber as bênçãos dela para concretizar um desejo ou obter a solução de algum problema. A Amma diz que aspirando por um objetivo maior, o desejo por objetivos menores pode ser vencido. Quando estamos com um *satguru*, podemos superar muitos dos nossos desejos através de nosso amor por ele. Por causa desse desejo de viver com a Amma no *ashram*, muitos de nós conseguimos abandonar o desejo por coisas terrenas.

Deveríamos ser capazes de manter um relacionamento vívido, uma ligação estreita com Deus. A Amma costumava nos dizer que durante o período de *sadhana* dela, Ela orava com fervor a Devi para que esta se revelasse e, às vezes, se zangava com Devi por não Lhe dar o *darshan*.

Se pudermos desenvolver esse tipo de intimidade com Deus, e se formos capazes de direcionar todas as nossas emoções e sentimentos a Deus, poderemos nos livrar de todas as nossas tendências negativas. A Amma diz: "Se você se zangar, direcione sua ira para Deus. Se você ficar triste, direcione seu sofrimento para Deus. Sente-se diante do altar ou entre na sala de oração e conte tudo o que há no seu coração a Deus, como uma criança pequena se abre diante da mãe. Isso levará um grande alívio ao seu coração e restaurará a paz e a calma interiores."

## Uma oportunidade para nos conhecermos

Todos nós temos muitas perturbações na mente. Assim que nos aproximamos de um verdadeiro mestre, pode parecer que o mestre também contribui para essas perturbações, como se já não bastassem as que já temos! O guru criará certas situações para nós e nos dirá: "Veja, esse é o seu problema." Dessa forma, o guru nos conscientizará da negatividade dentro de nós. Essa é uma parte importante do trabalho do guru. Temos que ter consciência de nossos defeitos para corrigi-los.

É raro querermos aceitar nossas próprias faltas e fraquezas. Em vez disso, temos a tendência de culpar os outros. Às vezes, a mente é muito negativa. Mesmo tendo o melhor guru do mundo, algumas vezes projetamos nossas negatividades e defeitos sobre ele e o culpamos por nossas limitações. Podemos até chegar a abandonar o guru pensando: "Esse não é um guru adequado para mim. Vou procurar outro."

Sempre tivemos essas perturbações, mas só agora estamos pouco a pouco nos conscientizando delas. Pensamos: "Antes de vir até a Amma, eu era realmente uma pessoa ótima, talvez até mesmo um santo. Agora que estou com a Amma, está surgindo tanta negatividade dentro de mim." Naturalmente, achamos que há algo de errado com a Amma, pois nossa natureza crítica é assim. O guru cria essas situações apenas para nos conscientizar de que temos esses defeitos, e então, o guru nos ajuda a superá-los.

Quando observamos nossa mente de modo superficial, muitas vezes achamos que não temos qualquer *vasana* negativa (tendências latentes). Contudo, à medida que começamos a mergulhar fundo em nossas mentes, descobrimos inúmeras negatividades e desejos. A Amma nos dá um exemplo para ilustrar a questão. Uma sala pode parecer limpa, mas, quando começamos a escová-la com água e sabão, podemos ver que ainda existe muita sujeira. Para que nossas *vasanas* negativas venham à tona, onde podemos enxergá-las, é necessário uma situação ou um ambiente adequado, e um mestre verdadeiro sabe exatamente como criar essas situações. A Amma nos dá o exemplo de uma cobra em hibernação. Nesse estado, não reage a coisa alguma, mas assim que desperta reage à menor provocação.

*Swami* Amritatmananda, um dos discípulos mais antigos da Amma, conta uma história do início de seu discipulado junto à Amma que demonstra como Ela faz aflorar nossas qualidades negativas. Uma vez, esforçando-se para se sobressair diante de um grupo de chefes de família e de *brahmacharins*, ele fez uma pergunta que lhe parecia difícil à Amma. A Amma simplesmente respondeu: "Querido filho, você simplesmente não entenderia a resposta!"

No passado, a Amma muitas vezes havia elogiado o *Swami* Amritatmananda (chamado então de Ramesh Rao), dizendo que ele tinha muito discernimento. Assim, aquela crítica foi além do que ele conseguia suportar. Ficou tão aborrecido que decidiu por dois dias ir a Kanyakumari (a ponta sul da Índia, um ponto de peregrinação a 200 quilômetros de distância) como forma de protesto.

Caminhando por Kanyakumari, o *swami* acabou se aproximando do *ashram* da *avadhut* Mayiamma, que não estava lá pois um devoto a havia levado para visitar outra cidade. Enquanto observava o pôr-do-sol com o coração entristecido, um dos devotos de Mayiamma se aproximou dele. Segurando um prato de comida, o devoto mostrou um grupo de cães que estavam deitados ali perto e disse: "Essas criaturas nem sequer beberam água porque não podem ver Mayiamma. Tentei de tudo para persuadi-los a comer. Se você lhes oferecer essa comida, talvez aceitem." O *swami* olhou na direção que o homem apontava. Havia cerca de cinqüenta cachorros deitados no chão, com as pernas esticadas, os queixos apoiados no chão e os olhos fechados. Havia vestígios de lágrimas manchando a face da maioria deles. Em completo espanto, o *swami* olhou de novo para o homem. Sem pausa, o devoto continuou: "Quando Mayiamma não está aqui, essas criaturas não comem coisa alguma. Existem seres assim?"

Com a tigela de comida nas mãos, o *Swami* Amritatmananda aproximou-se dos cães, mas eles não responderam, nem ao menos abriram os olhos. Imóveis, continuaram ali deitados como se estivessem em *samadhi*. Após algum tempo, quatro ou cinco cachorros olharam para ele e retornaram à posição original. Só restava a ele se perguntar como aqueles cães haviam adquirido tamanho desinteresse pela comida. Que tesouros inestimáveis teriam recebido de Mayiamma?

O pensamento do *swami* voou para Amritapuri. Uma imagem luminosa da Amma sorrindo para ele com afeição e compaixão, convidando-o a voltar para Ela, apareceu diante dele e em seguida desapareceu. Descontrolado, ele gritou em voz alta: "Amma!"

Entregou a tigela de comida ao homem de meia-idade, saiu dali e voltou a Amritapuri o mais rápido que pôde.

Quando chegou ao *ashram* nas primeiras horas da manhã, encontrou a Amma sentada na varanda do *kalari* (pequeno templo). Ele se prostrou diante dela e ficou ao lado dela culpando-se. De repente, um cão passou por ali. Olhando para ele e sem se dirigir a alguém em especial, a Amma disse: "Até mesmo os cães sentem gratidão e amor pelos mestres." Ele olhou com atenção nos olhos da Amma e viu que transbordavam de lágrimas. Com o coração totalmente oprimido pela dor e pela culpa, ele caiu chorando no colo dela. A Amma beijou a cabeça dele com compaixão, fazendo-lhe um afago, e sussurrou: "Meu filho travesso, sua raiva já passou?"

Depois de criar a situação que causa a reação negativa, o mestre aponta nossas *vasanas* negativas e defeitos. Mesmo diante dessa evidência, nós freqüentemente tentamos justificar nossas reações porque odiamos admitir termos cometido um erro.

A Amma conta uma anedota sobre isso. Um homem escorregou e caiu. Quando a mulher caçoou dele por isso, o marido respondeu: "O que há de tão engraçado? Estou apenas praticando minhas *yogasanas* (posturas do *hatha yoga*)!"

Através do amor e da paciência de um verdadeiro mestre, nós finalmente conseguimos perceber a verdade sobre nós mesmos, tomamos consciência de nossas tendências negativas e nos modificamos. Entretanto, a Amma diz que apenas estar na presença física do guru não é suficiente. Temos que estar abertos e permitir que o guru nos molde, embora esse processo possa ser doloroso. Quanto mais forte a *vasana*, maior será a dor, mas se amarmos realmente nosso guru, não sentiremos essa dor enquanto estivermos sendo moldados.

Um homem foi ao oftalmologista fazer um exame de vista. O médico pediu-lhe que lesse as letras no quadro usando lentes diferentes, mas o paciente não foi capaz de ler nem uma letra, mesmo com as lentes mais fortes. O médico ficou irritado e gritou: "Como você não consegue ler ao menos uma letra, mesmo com as lentes mais fortes?"

O homem respondeu tranqüilamente: "Porque eu ainda tenho que aprender o alfabeto."

Assim como temos que conhecer o alfabeto para ler as letras, temos que estar abertos para podermos apreciar a grandeza de um guru. Só poderemos receber a graça do guru se tivermos um coração aberto.

# O valor do prasad

Lembro-me de um episódio ocorrido há muitos anos, quando a Amma visitou a casa de um devoto. Naquela época eu ainda trabalhava em um banco. Quando terminei o expediente naquela noite, fui direto para a casa que a Amma estava visitando e cheguei por volta das nove horas.

Naquela época, a Amma visitava com freqüência as casas dos devotos, muitas delas bastante pobres. A Amma aceitava amorosamente qualquer *bhiksha* (oferenda) que oferecida. Como o peixe era muito mais barato do que as verduras e legumes, os principais alimentos da dieta básica daquela área eram arroz e peixe. A Amma era uma vegetariana radical, mas por compaixão, comia qualquer comida que aquelas pessoas Lhe oferecessem, porque Ela não queria magoá-las ou criar problemas.

Naquela noite, quando cheguei, a Amma havia começado a jantar com os devotos. Assim que me viu, deu-me um punhado de comida. Aceitei com respeito, mas quando olhei para o que me era oferecido, vi um enorme pedaço de peixe!

Nasci e fui criado em uma família que aderia a uma dieta estritamente vegetariana. Assim, quando vi o pedaço de peixe, deixei-o cair e me senti enojado. A Amma perguntou: "Por que jogou aquilo fora? É *prasad*." Eu respondi: "Não quero porque é peixe!" Embora estivesse incomodado com o cheiro do peixe, consegui ficar sentado até que a Amma terminasse de comer.

Alguns minutos depois, enjoado com aquele odor, vomitei. Em seguida, peguei um pote de água que estava ao lado da Amma, sem saber que Ela havia lavado as mãos naquela água após ter comido o peixe. Sem alternativa, apenas peguei o pote e comecei a lavar o rosto e a enxaguar a boca. Quando a Amma viu isso, sorriu com malícia. Eu não sabia o motivo do sorriso dela. Algumas pessoas sentadas perto dela começaram a rir, pensando que eu estava prestes a ter uma experiência terrível, lavando o rosto com a água com sabor de peixe. Usei toda a água e, enquanto me lavava, descobri que cheirava a pura água de rosas. A fragrância era adorável, um grande alívio para mim depois do cheiro de peixe!

Naquela altura todos já haviam terminado de comer, e os pratos já tinham sido removidos, mas eu continuava a sentir um cheiro de peixe vindo de algum lugar. Para minha surpresa, reparei então que o cheiro de peixe vinha do que eu havia vomitado. Não pude acreditar, pois eu não tinha comido peixe algum. Assim, compreendi que havia algo suspeito sobre toda aquela situação!

Seria de se esperar que a água no vaso em que a Amma havia lavado as mãos cheirasse a peixe. Em vez disso, aquela água exalava a mais maravilhosa fragrância de rosas, enquanto o que eu, um vegetariano radical, havia vomitado cheirava a peixe, embora eu não tivesse comido peixe algum. Percebi então que era uma lição para mim sobre desrespeitar o *prasad* do guru. Ao jogar fora o *prasad*, eu havia esquecido de pensar na Amma como a Deusa. Eu A considerei como uma pessoa comum e não apreciei a comida oferecida por ela como um *prasad*. Qualquer comida oferecida por um guru é *prasad*, e devemos aceitá-la com toda a sinceridade.

Naquela época, eu já cultuava a Amma há algum tempo e até já havia tido uma visão dela como a Deusa. A visão havia sido um enlevo por certo período e havia certamente reforçado minha fé nela, mas eu ainda não havia sido capaz de manter a convicção permanente e em todas as circunstâncias de que a Amma é una com a Divina Mãe. Se pudermos manter essa convicção contínua, poderemos fazer todas as nossas ações com mais amor e dedicação. A Amma diz que quando desenvolvemos a atitude de dedicação, uma a uma as nossas tendências negativas desaparecem.

# A onisciência da Amma

Algumas vezes, a Amma me contava os detalhes sobre a pessoa que havia acabado de entrar na fila do *darshan* pela primeira vez. Quando aquela pessoa chegava até a Amma, Ela lhe perguntava todos os detalhes pessoais que já havia me relatado. Isso aconteceu algumas vezes. Um dia, quando isso acabara de acontecer, por curiosidade, perguntei: "Por que a Senhora perguntou sobre todos aqueles detalhes se já sabia de tudo?" Ela respondeu que tinha feito as perguntas apenas para que a pessoa falasse um pouco mais e se sentisse mais íntima dela. Dessa forma, a Amma faz com que nos sintamos mais próximos dela, adicionando um toque mais pessoal ao *darshan*. Por causa desse toque pessoal, recordar o sorriso da Amma, as palavras dela, o contato com Ela etc. é uma boa meditação para todos nós. A Amma nos atrai com Seu amor divino, Ela nos inspira a cultivar boas qualidades. Assim, Ela nos modela como instrumentos apropriados para receber a graça de Deus.

Às vezes, quando contamos à Amma sobre nossos sofrimentos, Ela chora conosco. Isso nos mostra que realmente escuta nossos problemas, e isso significa muito para nós. Se não demonstrasse qualquer emoção, Ela seria como um robô. Ninguém sentiria qualquer conexão ou proximidade com Ela. Por outro lado, quando vemos a Amma demonstrando essas emoções humanas, tendemos a esquecer a grandiosidade e divindade dela.

Na Austrália, um menino de cinco anos foi com a mãe ver uma pessoa que dirigia um programa espiritual. Essa pessoa deu ao menino uma grande maçã. Um mês depois, quando a mãe do garoto lhe disse que estavam indo encontrar uma santa indiana chamada Amma, o menino logo perguntou: "A Amma também me dará uma maçã?" O que a mãe poderia responder? Ela nem conhecia a Amma. Assim, tudo o que pôde dizer foi: "Não sei."

Ambos foram ver a Amma. Depois do *darshan*, já estavam saindo quando a Amma, de repente, chamou o menino e lhe deu uma maçã. Muitas outras crianças haviam ido ver a Amma naquele dia, mas elas não ganharam maçãs. Amma deu-a apenas para esse menino, que ficou muito feliz. A mãe chorava de felicidade, perguntando-se como a Amma poderia saber que seu filho havia perguntado sobre a maçã.

Quando o *Swami* Amritagitananda, um dos discípulos mais antigos da Amma, conheceu-A, ele quis logo entrar para o *ashram*, mas Ela não permitiu, pois ele já estava inscrito em um curso de Vedanta em outro *ashram*. Ela disse a ele que completasse o curso e somente então pedisse permissão para se juntar ao *ashram* dela. Ele ficou triste, mas a Amma o tranqüilizou dizendo que poderia escrever a Ela e que as cartas seriam respondidas. Então, quando foi para o *ashram* em Mumbai, o *swami* começou a escrever para a Amma. Ao todo enviou sete cartas, mas a Amma não respondeu carta alguma.

Um pouco antes do final do curso, o *Swami* Amritagitananda escreveu para a Amma novamente, dizendo-lhe que os instrutores haviam concordado que ele entrasse para o *ashram* da Amma após o término do curso. Mesmo assim, a Amma não respondeu. Como nunca obteve resposta da Amma, ele se convenceu de que Ela não o queria no *ashram*. Além disso, achou que deveria abandonar completamente o caminho espiritual depois do curso de Vedanta, pois já havia anunciado a intenção de deixar o *ashram* ao qual pertencia. Decidiu voltar para casa e procurar um emprego. Pensando na iminente vida terrena, o *swami* interrompeu todas práticas espirituais.

Três dias depois, recebeu uma pequena carta. O pequeno pedaço de papel era da Amma, e dizia: "Filho, você parou suas práticas espirituais. Sua mente está completamente fora de controle. Retome as práticas espirituais. A Amma está com você." Ele sentiu uma alegria inesperada ao perceber que a Amma havia estado com ele a cada passo do caminho. Ele retomou as práticas espirituais, completou o curso e depois se juntou ao *ashram* da Amma.

*Swami* Pranavamritananda, outro dos discípulos antigos da Amma, certa vez teve uma experiência que demonstra o quanto nossas mentes são livros abertos para Ela. O *swami* havia assistido a um filme tocante sobre Adi Shankaracharya, um dos grandes exemplares da filosofia Vedanta. O filme fez surgir nele um profundo interesse pela meditação. Fez experiências então com a meditação e até visitou alguns *sannyasins* para buscar respostas a muitas perguntas que tinha sobre a meditação. Contudo, ninguém conseguiu esclarecer suas dúvidas. Um dia, ele foi visitar uma tia que vivia perto da faculdade em que ele estudava e que era devota da Amma. Quando entrou na casa da tia, notou uma moça vestida de branco. Após algum tempo, ao ver ali muitas pessoas que ele já sabia serem devotas da Amma, ficou claro para ele quem era a jovem. Observando sua forma juvenil, o *swami* pensou: "O que essa jovem pode saber sobre qualquer coisa?" e passou para a sala ao lado para evitá-La. A Amma imediatamente entrou na sala, sentou-se ao lado dele e, segurando seu braço, disse: "Meu filho, Eu queria encontrá-lo e ouvi-lo cantar." Um a um, os devotos se aproximaram e se sentaram em volta dela. Sem que ninguém pedisse, a Amma começou a falar sobre meditação. Em pouco tempo, a Amma não só havia esclarecido todas as dúvidas dele, como também havia dado a ele uma perspectiva bastante clara sobre meditação. Ele se convenceu sobre a onisciência da Amma e percebeu que as palavras dela eram dirigidas a ele.

*Swami* Pranavamritananda relata outro incidente que ilustra como a onisciência da Amma capta qualquer erro nosso. Certo dia, um jovem que costumava visitar o *ashram* estava sentado atrás da Amma depois do *darshan*. Apreciava estar na presença da Amma e, ao mesmo tempo, estava atento ao que todos os outros faziam. Ao ver as pessoas sentarem em torno da Amma após receberem o *darshan*, ele pensava: "Por que não se levantam e fazem alguma coisa de útil?" Nesse mesmo momento, a Amma virou-se para ele, olhando-o nos olhos, e disse: "Levante-se e vá trabalhar, seu preguiçoso!" Estupefato com a natureza onisciente da Amma, o jovem levantou-se e correu para a cozinha -o lugar certo- para trabalhar. Mais tarde, o jovem não esqueceu de encher o estômago!

Se estivermos conscientes de que a Amma sabe tudo a nosso respeito -todos os nossos pedidos e desejos secretos- poderemos nos lembrar constantemente dela e permanecer em sintonia com Ela.

# Capítulo 6

# Despertar e desenvolver nosso potencial espiritual

## Eleve-se com o seu Eu Superior

uddhared ātmanā'tmānaṁ nā'tmānam avasādayet
ātmai'va hy ātmano bandhurātmai'va ripur ātmanaḥ

*Eleve-se com seu próprio Eu Superior.*
*Não pense mal ou condene a si mesmo.*
*O Eu Superior é seu único benfeitor,*
*e o Eu Superior é seu único inimigo.*

*Bhagavad Gita*, Capítulo VI, verso 5

Nunca se censure, seja qual for a situação, pois a consciência é divina. Deixe que o mundo todo ria, dizendo que você é um fracasso total na vida, mas não acredite nisso. Não alimente nem mesmo o mínimo de autopiedade. Você possui o poder infinito dentro de si. Eleve-se, agarrando-se a esse poder da Verdade.

Tudo na vida da Amma era desafiador. Ainda assim, ela enfrentou cada experiência com coragem e determinação. A Amma mostra o caminho a todos nós para que percebamos nossa própria divindade, apesar de todos os problemas em nossas vidas. A divindade é nosso direito inato e nossa verdadeira natureza. Quando encontramos um mestre como a Amma, isso nos inspira a empreender uma busca espiritual. Um mestre verdadeiro nos ajuda porque é uma constante fonte de inspiração.

Embora fosse um ser extraordinário, a Amma cresceu como uma menina comum de aldeia, sem vantagem alguma. Não teve uma vida de luxo e precisou lutar a cada passo do caminho, mas Ela persistiu. Quando a Amma começou a dar o *darshan* em *Krishna Bhava* e em *Devi Bhava*, algumas pessoas a difamaram por abraçar pessoas do sexo oposto. Como os habitantes da vila A tomavam por uma pessoa comum, e não como Krishna ou Devi, Ela era acusada de desencaminhar os discípulos em nome da devoção. Contudo, a Amma continuou amorosamente a oferecer o *darshan,* e hoje abraça centenas de milhares de devotos por ano em todo o mundo.

Quando a Amma consagrou o primeiro Templo Brahmasthanam[1] em Kodungalur, Kerala, eruditos religiosos e sacerdotes discordaram do fato de uma mulher consagrar um templo, mas a Amma não cedeu. Hoje, há dezessete desses templos consagrados pela Amma, e cada um funciona como fonte de conforto para milhares de pessoas que neles praticam os cultos.

Teria sido muito fácil para a Amma abandonar Seus esforços em qualquer etapa do caminho e olhar para Si mesma como um fracasso, mas Ela não o fez. Enfrentou a oposição e a crítica, sem deixar que isso afetasse a mente dela. Em vez disso, perseverou em Sua missão. Sua vida é o melhor exemplo prático para qualquer um seguir.

## A mente protegida

Durante os primeiros anos, havia muitas pessoas que se opunham totalmente à Amma, muito embora Ela nunca tivesse feito mal a elas. Os moradores da vila ignoravam a espiritualidade e a vida no *ashram.* Tinham também inveja, porque não conseguiam imaginar

---

[1] Fundado pela intuição divina da Amma, esses templos únicos são os primeiros a mostrar diversas deidades em um ícone único. O ícone tem quatro lados, Ganesha, Shiva, Devi e Rahu, enfatizando a unidade inerente presente nos aspectos múltiplos da Divina Mãe.

como uma jovem simples, que parecia igual a eles, podia se tornar tão famosa. Pessoas de toda a Índia e de outras partes do mundo iam ver a Amma. Por causa da inveja e ignorância, os moradores da vila começaram a criar problemas. Queriam se livrar da Amma de qualquer maneira, tal o ódio que sentiam por Ela!

Naquele período, a Amma costumava ir a várias casas para fazer *pujas* (uma forma cerimonial de adoração). Muitas famílias sofriam sob o efeito da magia negra. Os praticantes desses atos danosos impregnavam com espíritos maléficos certos objetos, uma concha ou um talismã, usando certos mantras, e enterravam o objeto no jardim ou no quintal da casa alvo do mal. Muitas dessas famílias atormentadas iam procurar a Amma e Ela os ajudava fazendo *puja* na casa delas, ou então, ia direto ao ponto no jardim e pedia aos membros da família que cavassem ali. Quando descobriam o objeto amaldiçoado, podiam se livrar dele, desprendendo-se assim dos efeitos da maldição.

Na verdade, a Amma não precisava absolutamente fazer isso. Se, de fato, alguém tivesse feito magia negra, o *sankalpa* da Amma seria suficiente para remover o mal. Algumas vezes, a Amma tomava para si os efeitos do feitiço, salvando a família. Mas, como alguns dos devotos não acreditavam que Ela pudesse fazer isso só por Sua vontade própria, a Amma ia até a casa deles e celebrava os *pujas* apenas para que se acalmassem.

Com freqüência, quando a Amma visitava essas casas, havia pessoas que zombavam dela e A ridicularizavam; algumas vezes, até mesmo atiravam pedras nela. Ninguém mais poderia ter enfrentado esse tipo de oposição com tamanha força e equanimidade. Mesmo quando tantas pessoas eram contra Ela, a Amma não se abalava. Quando a mente está fundamentada na Verdade Suprema, nada pode afetá-la. A pessoa sorri, mesmo se alguém tenta matá-la. Essa é a grandeza de estar fundamentado no Eu Superior. A Amma é o perfeito exemplo dessa verdade.

Naquele tempo, os pais da Amma costumavam repreendê-La rudemente. Eram muito rigorosos porque ainda tinham outras três filhas para casar e temiam que a família adquirisse má reputação. Na Índia naquela época, especialmente entre os moradores dos vilarejos, era um tabu uma jovem se dirigir a um rapaz. Se uma adolescente passasse muito tempo com um jovem, os pais ficavam seriamente preocupados. Algumas pessoas poderiam espalhar boatos sobre a jovem, e ninguém ia querer se casar com ela. Por isso, os pais da Amma insistiam muito para que todos os rapazes deixassem o *ashram* logo após o final do *Devi Bhava*. Ninguém tinha permissão para ficar após a cerimônia. A Amma ficava infeliz sempre que os pais dela obrigavam os homens a partir, mas não havia o que ela pudesse fazer, porque Ela ainda morava com a família.

Um dia, fiquei para trás esperando um devoto depois do *Devi Bhava*. Quando a Amma me viu, perguntou-me se havia algum problema e porque eu estava sentado ali. Assim que a mãe da Amma A viu conversando comigo, aproximou-se e começou a brigar com Ela, usando palavras muito duras e cruéis. Puxou a Amma violentamente pelo braço e levou-A para dentro da casa.

Senti-me muito mal por ter sido a razão dos maus tratos que a Amma tinha recebido. Fiquei profundamente magoado e afetado pelas palavras duras que haviam sido ditas a Ela. Algum tempo depois, a Amma retornou ao templo. Escondi-me atrás de uma parede, pois não queria criar mais um problema para Ela. Mais tarde, fui até o templo e encontrei-A meditando como de costume, como se nada tivesse acontecido. Eu não consegui meditar por muitos dias depois disso, porque fiquei muito abalado com o tratamento que Ela havia recebido da mãe. Era doloroso ver a Amma sendo repreendida daquela forma. Mesmo hoje, sempre que me lembro desse incidente, lágrimas brotam em meus olhos.

Entretanto, não há sentido em culpar os pais da Amma pelo comportamento deles. Como todos os outros pais, eles queriam que as filhas se casassem. Se qualquer uma das quatro filhas não se casasse, isso criaria má fama para a família e eles temiam essa situação. Naquele período eles também não sabiam quem era a Amma. Não tinham o preparo espiritual para entendê-La. Com o passar do tempo, a atitude deles mudou. Depois de muita leitura, de conversas com os devotos e residentes do *ashram*, aos poucos, tomaram consciência da grandiosidade da Amma. Eles haviam tratado a Amma tão mal durante a juventude apenas por ignorância.

Quando relembro aquele incidente após o *Devi Bhava*, percebo a importância de ficar inalterado e desapegado diante de qualquer tipo de negatividade que nos aconteça. Podemos observar a postura imparcial da Amma. Os elogios ou críticas não A afetam, porque Ela insulou a mente, e está sempre estabelecida em Seu próprio Eu Superior.

A Amma diz: "Não se satisfaça com o estado comum de consciência terrena. Há um estado supremo de bem-aventurança, um estado onisciente e onipotente que pode ser alcançado por cada um de vocês. Direcione sua mente e suas atividades para esse objetivo e lute para alcançar a meta final."

Todos têm uma mente imperfeita: algumas pessoas têm muita raiva dentro de si, outras têm ódio, impaciência, ganância ou inveja, mas todos nós temos também qualidades positivas. Devemos trabalhar com afinco para remover as tendências negativas e desenvolver as qualidades positivas da mente. Isso nos fará realmente felizes, e nossas vidas serão bênçãos para o mundo.

## O observador é como aquilo que observa

Quando nós somos perturbados por uma emoção negativa, podemos tentar substituí-la por uma positiva. Por exemplo, quando sentimos ódio por alguém, podemos tentar cultivar ou alimentar o amor. A Amma diz que devemos procurar lembrar de alguma boa palavra dita por aquela pessoa, uma boa ação que ela tenha feito ou alguma ajuda que tenha oferecido. Assim, aos poucos podemos reduzir o ódio. Quando ficamos com raiva de alguém, devemos tentar alimentar o sentimento de compaixão ou de afeto pela pessoa. Talvez não seja possível abraçar aquela pessoa e dizer: "Eu te amo muito!" De qualquer forma, ao menos mentalmente podemos tentar ser gentis e perdoar. Não importa que comecemos hoje ou amanhã, é indispensável sentir e expressar amor e compaixão se realmente quisermos nos libertar da carga e da ansiedade criadas pelos sentimentos negativos. Se estivermos tristes e chateados por algum fracasso em nossas vidas, devemos tentar pensar em alguns de nossos sucessos e sermos gratos a Deus por isso. Dessa forma, trocando as emoções negativas pelas positivas, podemos reduzir pouco a pouco a força dos sentimentos negativos.

Suponha que você está olhando para um roseiral. Há duas formas de olhar para ele. Uma delas, é se concentrar nas lindas flores em meio a muitos espinhos. Essa é a forma positiva de olhar, esquecendo totalmente os espinhos e aproveitando as flores. Outra forma é se concentrar na quantidade de espinhos e se chatear e se zangar com Deus por tê-los criado em meio àquelas flores lindas. Somos nós que escolhemos: podemos olhar para as flores ou nos concentrar nos espinhos. Ambos existem, o que vemos depende da nossa visão ou perspectiva. Se olharmos para as experiências felizes em nossa vida, isso nos fortalecerá, mas se virmos apenas as experiências dolorosas, ficaremos fracos e deprimidos.

A vida de todos é uma combinação de sucessos e fracassos. Portanto, quando formos bem sucedidos, podemos ser gratos a Deus. Quando falharmos, devemos continuar a nos esforçar para vencer. E se não conseguirmos alcançar o sucesso, apesar de nosso esforço máximo, então, aprendamos a aceitar a situação com uma atitude positiva. Em meio a todas as forças poderosas da natureza, mesmo que sejamos fracos, impotentes e limitados em termos de conhecimento e capacidade, podemos sobreviver. Somos tão pequenos e insignificantes nessa enorme criação -um acidente ou a morte pode acontecer em qualquer lugar a qualquer momento. Por isso, a cada dia, quando acordamos, devemos ser gratos a Deus. Essa é uma forma positiva de encarar a vida. Essa vida é um resultado do que fizemos no passado. Portanto, se ajustarmos e corrigirmos nossas vidas no presente, poderemos criar sempre um futuro melhor. É por isso que a Amma diz que devemos tentar viver de modo pleno e positivo no presente. Se pensarmos sobre os fracassos do passado e nos preocuparmos com os problemas do futuro, não poderemos fazer bom uso do presente. A Amma diz: "O presente é um presente, que nos é oferecido por Deus. Portanto, use-o bem."

Certa vez, o *Swami* Paramatmananda, um outro dos discípulos mais antigos da Amma, teve que se submeter a uma cirurgia na coluna, nos Estados Unidos. A maioria dos discípulos ou devotos que precisa enfrentar um procedimento médico importante prefere falar com a Amma e receber as bênçãos dela. Com certeza, algumas palavras da Amma nessas ocasiões representam uma enorme força e conforto. O *Swami* Paramatmananda tentou falar com a Amma pelo telefone várias vezes, mas não conseguiu. A Amma foi informada e tentou Ela mesma telefonar, mas não conseguiu por causa das péssimas conexões telefônicas. Depois disso, a Amma foi celebrar um evento em outra cidade, onde havia uma multidão, e não teve tempo para telefonar.

O *swami* submeteu-se à cirurgia, que ocorreu normalmente. Depois de alguns dias, a Amma lhe telefonou para saber sobre o estado dele. Ela perguntou também se ele tinha se zangado por Ela não tê-lo contatado, e ele respondeu: "Não, Amma. Eu rezei internamente para a Amma e me senti muito em paz." Ao invés de se sentir rejeitado porque a Amma não telefonou para ele, o *swami* conseguiu encontrar a coragem e a ajuda da presença da Amma no interior dele.

Em tais situações, se não recebemos conforto ou atenção pessoal da Amma, em vez de ficarmos desconsolados, deveríamos tentar buscar internamente a coragem e a ajuda da presença dela. Situações como essas podem nos ajudar a sentir a presença do mestre dentro de nós e a desenvolver nossa força e maturidade. Dependendo de nossa postura e perspectiva, uma situação pode ser vista como um obstáculo ou como um degrau.

# O amor altruísta de um satguru

Muitas pessoas dizem ser gurus Auto-Realizados da mais alta ordem. Em geral, os mestres verdadeiros não alegam coisa alguma. Quem iremos aceitar como nosso guru? A entrega a um falso guru poderá causar confusão e caos em nossas vidas. Há alguma orientação que podemos seguir com segurança para tomar essa importante decisão? A marca inequívoca de um *satguru* é o amor e compaixão incondicionais que distribui para todos. Um *satguru* nunca tem ambição por dinheiro, poder e fama.

A maioria de nós já experimentou se apaixonar por alguém. Em oposição, na presença de um mestre genuíno, experienciamos a beleza do que a Amma chama de 'prosperar' em amor. O toque mágico desse amor divino purifica e santifica todas as situações, todos os relacionamentos e todas as ações na vida. Essa experiência nos oferece uma nova oportunidade para aprender como amar de forma altruísta. É muito difícil amar uma idéia de todo coração, por mais elevada ou nobre que ela possa ser. Depois de encontrar a Amma, buscar o conceito do amor livre de individualidade se torna mais fácil.

A mente humana necessita de um toque pessoal para que as sementes do amor possam brotar. Se alguém procura amor, atenção e cuidado, a Amma fica feliz em ajudar. O guru está interessado apenas em nosso bem-estar e crescimento, nada além disso, e ele não deseja coisa alguma em troca.

Quando há alguém como a Amma disponível para nós, podemos com facilidade direcionar nosso coração para Ela. Tentemos, pelo menos, amar a Amma sem esperar algo. Ela se mantém em Seu corpo de forma altruísta, apenas para nos oferecer uma forma tangível para nosso amor altruísta.

Embora o mestre esteja encarnado, ele representa a Verdade além do corpo. Através do veículo de um mestre, contemplamos a Verdade, porque o mestre é uma representação perfeita da Verdade, do amor altruísta e da compaixão.

Se tivermos experiências dolorosas após encontrar um guru, podemos encarar essas experiências como uma forma de remover ou eliminar nosso carma anterior. Embora a Amma possa assumir ou reduzir nosso carma, Ela diz: "Uma certa parte de nosso carma negativo precisa ser vivenciada por nós mesmos."

O carma é o resultado do que fizemos no passado. Todos temos que passar por experiências provocadas pelo próprio carma, mas com a graça do *satguru* nosso sofrimento pode ser reduzido. Se o carma negativo não puder ser diminuído, o *satguru* pode ajudar dando-nos a força mental necessária para enfrentarmos a situação.

Quando vivemos algo doloroso, não significa que não tivemos ajuda do *satguru*; ocorre pela natureza do nosso carma negativo. Não devemos creditar a falha ao guru. Ouvimos, com freqüência, as pessoas dizerem: "Quantos anos eu rezei para o guru! Por que isso aconteceu comigo?" Deveríamos, em vez disso, olhar para todos os benefícios que recebemos por causa do guru. Dessa forma, nossa fé pode ser reforçada.

Quando culpamos o *satguru* ou nos afastamos dele, podemos nos expor a mais dor e sofrimento. É como fugir do médico para evitar a dor de uma injeção. Você pode achar que escapou da dor, quando tudo o que fez foi negar ao médico a oportunidade de salvá-lo de uma dor e um sofrimento ainda maiores.

Gostaria de relatar a experiência do *Swami* Purnamritananda, outro dos discípulos mais antigos da Amma. Esse incidente ocorreu há muitos anos, pouco depois dele ter conhecido a Amma. Naquela época, o *swami*, que então se chamava Srikumar, ainda morava com os pais, mas ficava o tempo todo no *ashram* sem voltar para casa. Ele era o único filho, e os pais dele não estavam felizes com a situação. Costumavam desencorajá-lo a retornar ao *ashram*. Como o filho estivesse decidido a passar a maior parte do tempo no *ashram*, os pais aceitaram que ele passasse o dia com a Amma, mas à noite deveria voltar para casa. Depois desse acordo, ele visitava o *ashram* todos os dias, mas saía após os *bhajans* vespertinos para agradar aos pais.

Certa tarde, enquanto se preparava para sair, a Amma disse que ele deveria ficar no *ashram* naquela noite. O *Swami* Purnamritananda respondeu que se passasse a noite ali, os pais não o deixariam voltar ao *ashram* no dia seguinte, mas a Amma insistiu. Sem querer desobedecer-lha, concordou em ficar.

Mais tarde, depois do jantar, o *swami* estava caminhando em torno do pequeno templo, recitando o mantra dele, quando ouviu um ruído na grama perto dos pés. Parou para investigar a origem do barulho e, de repente, sentiu uma dor aguda no pé. Vasculhando o chão, viu uma silhueta de cobra deslizando na escuridão.

Chocado, gritou de dor. A Amma imediatamente saltou de onde estava sentada no templo com outros *brahmacharins* e correu para perto dele. O *swami* não conseguia falar e apenas apontou para a ferida no pé. Sem hesitar, a Amma se abaixou e colocou a boca sobre o ferimento, chupando o veneno e cuspindo-o. Após repetir isso várias vezes, amarrou um pano no local onde o animal o havia picado. O *swami* ainda estava um pouco abalado, e Ela o mandou a um tradicional curandeiro local, conhecido pela habilidade em tratar picadas de cobra.

O curandeiro examinou o *Swami* Purnamritananda e disse-lhe que a mordida era de uma cobra extremamente venenosa, mas que o veneno parecia ter sido todo retirado e que ele ficaria bem. Deu-lhe algumas ervas medicinais e o dispensou.

Mais tarde naquela noite, a Amma disse ao *swami* que ele estava passando por uma fase astrológica ruim. Como Ela sabia que os pais dele não iriam acreditar apenas na palavra da Amma, sugeriu que ele consultasse um astrólogo.

Na manhã seguinte, o *swami* voltou para casa. Os pais dele estavam muito zangados por ele não ter retornado na noite anterior. Ele pediu-lhes que o escutassem e mostrou-lhes a ferida no pé, mas os pais responderam que, se ele tivesse mantido a promessa e voltado para casa, não teria sido picado.

O *Swami* Purnamritananda também contou aos pais o que a Amma tinha falado sobre o mapa astrológico, e todos concordaram que uma picada de cobra era um mau presságio. Poucos dias depois, foram consultar um astrólogo. Lendo o mapa do *swami*, o astrólogo ficou surpreso em ver que o cliente ainda estava vivo! Disse-lhe que, de acordo com o mapa, onde quer que o *swami* estivesse naquela noite, ele estava destinado a receber uma picada de cobra fatal. "Você está definitivamente sob proteção divina.", concluiu o astrólogo.

"Viram?", disse o *Swami* Purnamritananda aos pais. "Vocês disseram que eu tinha sido mordido pela cobra só porque fiquei com a Amma naquela noite. Mas, na verdade, eu teria sido mordido onde quer que eu estivesse. Vocês teriam chupado o veneno da minha ferida como a Amma fez? A nossa casa fica em um lugar remoto. Eu não teria chegado a tempo a um hospital. Se eu tivesse desobedecido a Amma e voltado para casa naquela noite, teria morrido."

A natureza de certos carmas é tal que precisa ser experimentada em um corpo humano. Se a Amma remove esse tipo de carma de outra pessoa, terá que vivê-lo em Si mesma. A Amma diz que se Ela retira uma doença grave de alguém, pode exaurir aquele carma em poucos minutos, enquanto a pessoa teria que sofrê-lo por muitos anos.

Um dos *brahmacharins*, que tinha uma boa formação e um bom emprego, ficou totalmente transformado após encontrar a Amma. Em poucos dias, deixou o emprego e se juntou ao *ashram*. A Amma o avisou que talvez enfrentasse muitos problemas com a família.

Os pais e parentes tentaram convencê-lo de muitas maneiras a deixar o *ashram*. Tentaram até raptá-lo, mas todas as tentativas fracassaram. Finalmente, recorreram a uma magia negra que era poderosa o bastante para deixá-lo gravemente doente e até matá-lo. Ninguém soube disso até que a Amma nos contou vários meses depois.

De repente, a Amma pegou uma tosse. A tosse piorou e, depois de alguns dias, a Amma tossia sem parar, mas, durante o *darshan* de *Devi Bhava*, a tosse parava. Assim que a cerimônia acabava, Ela voltava a tossir muito. Tentamos convencê-la a procurar um médico, mas Ela se recusava. Todos os *brahmacharins* ficaram muito preocupados, e muitos começaram a jejuar como penitência pela saúde da Amma. Quando Ela soube disso, disse-nos para parar de jejuar, mas não o fizemos. Dissemos que queríamos jejuar até que Ela se curasse. A Amma nos disse que a saúde dela melhoraria em uma semana, quer jejuássemos ou não, ou mesmo se Ela fosse a um médico, pois a tosse não era causada por infecção ou qualquer doença, mas devia-se ao efeito da magia negra.

Conforme a Amma previu, exatamente uma semana mais tarde a tosse desapareceu de repente, e Ela voltou a ficar saudável. Contou-nos que, se não tivesse tomado o efeito da magia negra para Si, ela teria matado a pessoa para quem era dirigida. Portanto, por Sua compaixão, tomou para Si os efeitos daquele ato horrível.

## A importância das práticas espirituais

Se estivermos comprometidos em alcançar a meta da espiritualidade, temos que ter consciência de que o caminho espiritual não é feito de rosas. O caminho realmente é difícil, mas os obstáculos não devem servir de desculpa para desistir das práticas espirituais. Pense na plenitude e perfeição que podem ser obtidas ao se alcançar a meta final de união com o Supremo, o estado de Yoga.

Às vezes, podemos querer abrir mão da meditação ou de outras práticas espirituais. Há sempre algo "mais importante" que precisa ser feito no lugar da meditação. Meditação e outras práticas espirituais estão em nossa lista diária de coisas a fazer, mas esses itens acabam sendo colocados no final da lista de prioridades. Chegamos a justificar nossa decisão, dizendo que a meditação e outras práticas espirituais podem sempre ser feitas no dia seguinte. A falta de constância em nossa prática espiritual é uma das razões pelas quais não conseguimos fazer um progresso real em nosso caminho espiritual.

Nossa busca espiritual tem que ser sincera, pois só assim haverá resultados reais. Devemos ter consciência da necessidade e urgência das práticas espirituais.

Muitas pessoas são muito ocupadas, mas, de algum jeito, encontram uma ou duas horas para caminhar ou se exercitar todos os dias, quando o médico as aconselha a isso. Sabem que se não o fizerem, terão sérios problemas de saúde. Por mais ocupadas que estejam, não esquecem o exercício.

A meditação também deve se tornar parte importante de nossas vidas. A Amma diz sempre que a meditação, o *japa* (repetição do mantra) e outras práticas espirituais são tão valiosos quanto o ouro. Essas práticas nos proporcionam crescimento espiritual e prosperidade material. Elas também ajudam a manter a saúde mental e emocional. Portanto, o tempo que passamos meditando ou fazendo outras práticas espirituais nunca será desperdiçado.

## A abordagem metade-metade

Podemos passar um dia inteiro ouvindo palestras sobre Deus e pensando apenas nele. Talvez no dia seguinte pensemos que não há problema em não meditar, e assistir televisão o tempo todo, já que no dia anterior pensamos em Deus. Se passarmos um dia assim e depois outro, não faremos qualquer progresso verdadeiro. Se quisermos conseguir todo o benefício, a Amma diz: "O que quer que faça, o que quer que diga, o que quer que pense – todas essas coisas devem prepará-lo para a meditação." Senão, é como dar dez passos para frente e depois dez passos para trás.

Existe um ditado que diz que metade do que conquistamos é conseguido pelo nosso esforço e o resto pela graça de Deus. Então alguns dizem: "Eu me contento com metade do sucesso. Deixe que Deus me dê primeiro a metade dele. Eu só preciso sentar e relaxar." A Amma diz que essa abordagem metade-metade não nos dará o benefício completo. A água ferve a 100 graus centígrados, mas isso não significa que metade da água ferverá a 50 graus!

Certa vez, durante uma viagem de trabalho, um homem ficou preso em uma cidade pequena na metade do caminho e, naquela noite, hospedou-se em um hotel de beira de estrada. Como ele já estava viajando há duas ou três semanas, sentia falta da esposa, dos filhos e principalmente da galinha ao caril que a esposa preparava. O homem pensava: "Oh! Como seria bom ter um pouco daquela galinha ao caril exatamente como minha mulher prepara!" Enquanto pensava nisso, o desejo de comer aquele prato aumentou de forma insuportável. Para surpresa dele, pesquisando na lista telefônica, descobriu haver um restaurante a poucas quadras que servia aquele prato. Como já era tarde, preferiu não arriscar e tomou um táxi para o restaurante. No menu, ele viu o prato exatamente como queria. O prato foi servido assim que fez o pedido. O homem se surpreendeu com o tamanho do prato. Por um preço pequeno, o prato estava cheio até a borda de pedaços de peito de frango. Ele pensou: "Ah! Preciso contar a todos os meus amigos para virem comer aqui!" Contudo, enquanto comia, cogitou: "Eles me deram tanta galinha, mas nada tem sabor de galinha. Parece carne." Ele chamou o garçom e perguntou, "O que tem nesse prato?"

"Apenas peito de frango, nada mais.", respondeu o garçom. O homem não ficou satisfeito com a resposta. Correu até o gerente e disse numa voz alterada: "Pedi galinha ao caril, mas me deram algo diferente. Nenhum pedaço tem sabor de galinha!"

"Não, senhor. É realmente galinha. Não tem nada mais naquele prato.", disse o gerente.

"Não acredito", o empresário exclamou. "Vou reclamar com as autoridades!"

O gerente disse em voz baixa: "Senhor, se tem qualquer reclamação, devolvo o seu dinheiro. A verdade é que nossa galinha acabou, por isso adicionamos um pouco de carne na galinha ao caril."

"Só um pouco! Todos os pedaços tinham gosto de carne. Quanta carne você colocou?"

"Só cinqüenta por cento, senhor."

"Cinqüenta por cento? Não acredito! Você quer dizer que adicionou carne e galinha em partes iguais?"

"Não exatamente, senhor. Quando digo cinqüenta porcento, estou dizendo uma galinha para cada vaca!"

Não espanta que o empresário não tenha encontrado galinha alguma no prato!

Podemos passar um dia em um *ashram* e o dia seguinte em um cassino. Por causa de nossa falta de receptividade, mesmo se passarmos um dia inteiro no *ashram*, o efeito poderá ser mínimo. Por outro lado, por causa de nossas fortes *vasanas*, se passarmos um dia inteiro em um cassino, o efeito poderá ser muito forte. Em tal situação, qualquer benefício que tenhamos com as práticas espirituais não será alcançado com plenitude, tal como o sabor de uma galinha será sobrepujado pelo sabor de uma vaca.

Para conseguir o máximo de benefício das práticas espirituais, a Amma diz que é importante para todos nós cultivar algum tipo de disciplina em nossas vidas: jejuar, manter um voto de silêncio em horas ou dias específicos, praticar mais meditação, passar mais tempo recitando o mantra, lendo livros espirituais etc. A disciplina espiritual pode ter qualquer formato, dependendo do que se aplique melhor a nós.

# Capítulo 7
# A preparação para a meditação

## Aum Shanti, Shanti, Shanti

Shanti significa paz. Muitas vezes, os eventos auspiciosos são encerrados com o mantra *"Aum shanti, shanti, shanti."* Repetimos a palavra paz três vezes, porque nossa paz é perturbada por três fontes distintas:

1) Perturbações vindas de forças naturais (*adhi daivikam*). Pertencem a esse grupo os tremores de terra, ciclones, inundações, secas, calor e frio. Podemos meditar em paz em meio a um terremoto ou quando a água da enchente está invadindo nossa casa? Não temos controle algum sobre esses acontecimentos. Só podemos correr para um lugar seguro e rezar para que essas forças naturais se acalmem. Por isso cantamos o primeiro *"shanti"*.

2) Perturbações que experienciamos, vindas do mundo em nossa volta (*adhi bhautikam*). Se o filho do vizinho toca música pop ou de discoteca muito alto ou o cachorro late enquanto tentamos meditar, isso será um obstáculo à meditação. Mosquitos, moscas e veículos na rua são exemplos desse tipo de perturbação. Alguns incômodos podem ser solucionados, pois temos o controle parcial sobre eles. Por exemplo, se o filho do vizinho for muito incômodo, poderemos falar com ele ou com os pais. Se isso não funcionar, poderemos chamar a polícia. Se os mosquitos nos incomodarem quando tentamos meditar, podemos sentar sob uma rede protetora ou usar um inseticida para nos livrar dos mosquitos.

3) Perturbações que vêm do nosso interior (*adhyatmikam*). São os nossos gostos e aversões, raiva, inveja, agitação, ansiedade etc. Todos nós sofremos com essas perturbações internas. Embora no momento essas perturbações nos dominem, com a prática espiritual correta, elas poderão ser controladas por completo. Se estivermos alerta e formos capazes de usar o discernimento, poderemos controlar todas as tendências negativas da mente. As perturbações internas são as mais poderosas de todas, mais poderosas do que um terremoto ou um ciclone, porque podem destruir totalmente nossa paz e felicidade. Felizmente, esse terceiro tipo de perturbação pode ser eliminado por inteiro, o que já não acontece com os dois primeiros tipos.

Certa vez, a Amma contou a seguinte história. Havia um homem que queria um ambiente perfeito para meditar e tentou vários lugares diferentes. Onde quer que fosse, havia algum tipo de perturbação: os pássaros cantavam, os cachorros latiam ou as pessoas discutiam e gritavam. Assim, decidiu: "Quero um quarto à prova de som." Sentou, então, em um quarto à prova de som e começou a meditar. Como sabemos, no absoluto silêncio, até mesmo um pequeno ruído será percebido como um barulho alto. Quando o homem meditava nesse quarto com isolamento acústico, até mesmo o tique-taque do relógio de pulso o incomodava. O barulho parecia ser tão alto que ele jogou o relógio fora, e voltou a meditar. Depois de algum tempo, começou a ouvir o batimento do próprio coração. Quando o relógio fez muito barulho, ele o jogou fora, mas como poderia se livrar do próprio coração?

A Amma diz que uma liberdade completa em relação às perturbações externas não é possível porque o mundo não está morto e sim vivo. Há tanta atividade no mundo que sempre haverá algum tipo de ruído ou perturbação. Se não houvesse perturbação alguma quando fôssemos meditar, provavelmente adormeceríamos. Dormir é bem fácil para a maioria de nós quando não temos perturbação alguma. Muitas pessoas não têm problemas para dormir mesmo em meio a sons altos. Já testemunhei pessoas dormindo na mesma sala em que se cantavam *bhajans* em voz alta!

No início, quando o *ashram* era muito pequeno, havia somente um pequeno templo e duas ou três cabanas onde vivíamos. O *ashram* era rodeado de água e perto dele existiam alguns locais em que as pessoas do vilarejo fabricavam cordas com fibra de coco. A fibra do coco (a fibra verde externa) é mergulhada na água do mar durante vários dias; em seguida, é retirada e batida com uma vara até que cada fibra se separe, e a corda é feita com o entrelaçamento dessas fibras. A partir das sete da manhã, ouvíamos o som de 300 mulheres batendo com varas nas fibras de coco e conversando em voz alta! Era um grande incômodo. E nessa época nossa meditação começava todas as manhãs com a Amma sentada entre nós. Foi um bom treinamento para tentarmos superar as perturbações externas.

A Amma dizia: "É fácil meditar nas cavernas montanhosas do Himalaia, sem ninguém para nos perturbar. Se conseguirmos a mesma concentração profunda no meio de uma feira, então será possível dizer que nos tornamos mestres na arte da meditação."

Uma mente pura é o fator mais importante na meditação. Quando a mente se torna pura e madura, não há mais perturbação alguma. Então a meditação se torna espontânea.

## Aquietando as perturbações internas

Antes de tentar mergulhar fundo na meditação, é necessário fazer alguns ajustes mentais. As perturbações podem ser internas ou externas. Quaisquer que sejam essas perturbações, não poderemos meditar ou efetuar qualquer prática espiritual sem alguns ajustes. Depois de nos ajustarmos às perturbações externas até certo ponto, podemos nos concentrar em nossas perturbações internas, que incluem, como antes mencionado, nossos gostos e aversões, raiva, impaciência etc. Mesmo que o ambiente externo seja muito calmo e tranqüilo, as perturbações da mente poderão dificultar a meditação.

Um dia, eu estava na frente do templo pequeno do *ashram*, e alguns bastões de incenso queimavam e espalhavam no ar uma fragrância agradável. Um devoto veio me perguntar onde havíamos comprado aquele incenso maravilhoso e respondi que era fabricado ali mesmo no *ashram*. O devoto conversou comigo por algum tempo e depois entrou no templo para meditar. As pessoas gostam de meditar naquele templo porque antigamente a Amma dava ali o *darshan* de *Devi Bhava*. Por isso, as vibrações espirituais no interior do templo são muito fortes. Aqueles que conseguem entrar em sintonia com essas vibrações se concentram mais facilmente ali.

Quando entrei no templo pouco depois, vi essa mesma pessoa meditando, sentada com a coluna ereta, olhos fechados, uma postura perfeita. Algum tempo depois, quando ele estava deixando o templo, perguntei a ele se a meditação tinha sido boa. "Não, *swami!*", ele respondeu. "Assim que sentei e fechei os olhos, comecei a pensar no incenso. Na semana passada, fui a uma loja e comprei um pouco de incenso, mas não era de boa qualidade, e o vendedor me cobrou muito caro. Quando eu tentava meditar, acabava pensando sobre isso, e fiquei muito zangado com o vendedor. Na minha cabeça, o tempo todo eu estava discutindo com o vendedor."

Assim, embora esse homem estivesse sentado no templo, um local cheio das divinas vibrações da Amma, não conseguiu meditar nem mesmo por um curto tempo. Tudo o que conseguiu foi brigar mentalmente com o vendedor!

Mesmo se estivermos no local mais adequado, se a mente estiver distraída, não meditaremos em paz. Por isso é mais importante ocupar-se das perturbações internas do que das externas. A Amma diz que podemos estar sentados em uma excelente postura, enquanto por dentro estamos travando uma grande batalha, ardendo de raiva, cheios de frustração ou ódio.

## A integração entre o mundo externo e interno

Como é trabalhoso remover nossas tendências negativas, nos conformamos em conviver com elas. Às vezes, dissimulamos nossos sentimentos e nos comportamos como se não os tivéssemos. Imagine que encontremos alguém de quem não gostamos. Mesmo assim, podemos dizer: "Estou tão feliz em vê-lo!" Talvez não gostemos da pessoa, mas não dizemos isso a ela porque não é considerado de bom tom. Às vezes podemos estar em uma longa fila de supermercado esperando há uns dez ou quinze minutos. No momento em que já estamos prestes a perder a paciência, o caixa é chamado ao telefone e explica que terá que interromper o trabalho por alguns minutos, mas que voltará logo. Ficamos cada vez mais impacientes. Finalmente, ele volta e diz: "Desculpe! Eu tinha que atender essa chamada urgente." Embora estejamos extremamente impacientes, diremos: "Tudo bem. Não se preocupe." Essas são maneiras normais e decentes de comportamento. Em certo sentido, é bom que sejamos capazes de esconder nossos sentimentos negativos e possamos apresentar externamente uma imagem positiva. Podemos ter um amigo feio, mas apesar disso, nunca lhe diremos: "Você é realmente um patinho feio!" Se acontecer desse amigo perguntar: "Como estou?", diremos: "Você está ótimo!", ou podemos ainda responder: "Você está bonito."

É apropriado ser gentil com os outros externamente, mesmo que internamente nos sintamos de forma diferente. No entanto, quando meditamos, temos que estar totalmente integrados. Quando meditamos, estamos face a face com a nossa mente. Não podemos nos esconder ou mentir para nós mesmos. Por causa disso, deve-se dar tanta atenção à correção da negatividade da mente quanto à técnica de meditação. É impossível meditar se a mente não estiver relativamente calma. Isso não significa que temos que esperar até que a mente esteja calma para meditar, pois criaria em nós uma tendência a adiar a prática da meditação. Se pensarmos: "Agora estou agitado e inquieto, portanto vou esperar até estar calmo e começar a meditar depois", isso nunca acontecerá. Precisamos meditar e trabalhar em nossa negatividade ao mesmo tempo. A Amma nos dá uma metáfora: "Achar que você só começará a meditar quando estiver totalmente calmo e em paz é como ficar na beira da praia esperando que todas as ondas se acalmem antes de começar a nadar. Isso é impossível."

Certa vez, durante a visita anual pelo norte da Índia, a Amma visitou a cidade sagrada de Haridwar, cortada pelo rio sagrado

Ganges. Durante a visita, a Amma foi se banhar no Ganges. A água estava tão fria que não conseguíamos colocar o pé. Em torno de nós, as pessoas faziam uma algazarra, sopravam conchas, recitavam mantras, as crianças gritavam e falavam alto e os ambulantes anunciavam mercadorias. A Amma apenas olhava as águas que fluíam. De repente, Ela entrou na água gelada. Em minutos, Ela estava em *samadhi*. O barulho, a água gelada e as outras distrações externas não A afetavam. Segurando uma vara por causa da força da correnteza, Ela ficou de pé, com a água pela cintura, completamente ausente do mundo por algumas horas. Afinal tivemos que retirá-La da água, ou Ela teria continuado ali por muitas horas ainda. Enquanto era carregada para fora da água, Seu corpo rígido estava como uma tábua. As *brahmacharinis* friccionaram as mãos e as solas dos pés dela por quase meia hora, até que o corpo voltou a se aquecer e a Amma retomou a consciência normal.

Quando a mente alcança um estado sublime, as perturbações externas não são mais um problema. Vemos esse estado refletido na Amma. Para ser afetada por algo, a Amma precisa Se permitir ser afetada.

## Treinar a mente para ficar no presente

Lembro-me de um incidente que ocorreu na Suécia há alguns anos. Na última noite da turnê européia, não havia programa público e o grupo que viajava com a Amma teve uma oportunidade para ficar a sós com Ela. A Amma serviu o jantar a todos, brincou conosco e nos contou histórias. Foi a ocasião mais memorável da viagem de três meses. Sentada perto da Amma, estava uma devota que trabalhava muito. Mostrando afeto, a Amma acariciava os cabelos dela. Essa pessoa deve ter tido uma experiência maravilhosa, embora outros membros do grupo sentissem um pouco de inveja. Após alguns minutos, a mulher começou a soluçar. Achamos que ela estivesse emocionada com o amor e a afeição da Amma. Amma perguntou-lhe: "Querida filha, por que você está chorando?" A devota respondeu que a Amma havia chamado a todos para a meditação durante a manhã, mas que ela não tinha sido informada. A Amma respondeu: "Por que você está pensando no que aconteceu essa manhã? Isso já é passado. Agora você está sentada perto da Amma. Nenhum dos outros está tendo essa chance agora. Portanto, tente fazer o melhor uso dessa oportunidade. Em vez de ficar se lamentando pelo passado e se abater, aproveite a situação atual."

É assim que desperdiçamos muitas oportunidades. A Amma sempre diz que devemos tentar viver no momento presente. Se vivermos no passado, não teremos a possibilidade de aproveitar o que está acontecendo agora. A vida é sempre no presente. Treinar a mente para ficar no presente é a verdadeira meditação.

## Atitude e ação

A atitude certa também ajuda na meditação. O impacto de todas as nossas ações e pensamentos pode ser sentido quando nos sentamos para meditar. Cada pensamento, cada ação e cada emoção determinam a qualidade de nossa meditação. Devemos ser cuidadosos em não nos engajarmos em atividades que servirão como impedimento à meditação. Fazemos muitas coisas em nossa vida diária que não são realmente necessárias. Essas ações podem ser evitadas pouco a pouco, mesmo que não seja possível interrompê-las de imediato.

Imagine que tenhamos o hábito de assistir a filmes de horror ou ler histórias sobre assassinatos misteriosos. Será bom se pudermos evitar essas atividades que induzem à ansiedade, porque a influência delas em nossos pensamentos permanece em nosso subconsciente. Durante a meditação, todas essas memórias virão à tona. Por meio da compreensão adequada, aos poucos poderemos evitar tais ações e substituí-las por boas ações, que nos ajudarão no crescimento espiritual.

No início havia poucos devotos, e a Amma ainda não havia criado qualquer instituição ou organizado atividades de caridade. A Amma dedicava grande parte do tempo aos devotos que visitavam o *ashram* a cada dia. Conversava com eles, respondia às perguntas, esclarecia as dúvidas e dava a eles muita atenção pessoal e assistência. Isso dava aos devotos a oportunidade preciosa de se sentirem próximos da Amma. Certo dia, um novo devoto foi ver a Amma. O devoto não sabia muito sobre Ela, mas ficou no *ashram* por uma semana.

Durante toda aquela semana, ele viu a Amma passar a maior parte do tempo com os devotos, praticamente sem dormir ou comer. Afinal, perguntou: "Amma, a Senhora pede aos devotos para meditar, mas eu nunca A vejo meditando. Por quê?"

A Amma respondeu: "Tudo o que Eu faço é meditação. Quando estou dando o *darshan* ou estou com os devotos, sempre os vejo como Deus."

Alguns de vocês podem ter visto a Amma recitando "Amma, Amma" enquanto recebe os devotos. Se tivermos mil pessoas para o *darshan*, ela repetirá o mantra pelo menos mil vezes. Na Índia, milhares de pessoas visitam-Na para o *darshan* todos os dias. Assim, a Amma está convertendo até mesmo o *darshan* dela em um ato de adoração. É claro que a Amma não tem necessidade de recitar mantras ou de meditar, porque já está estabelecida na consciência de Deus. A Amma faz essas coisas para nos ensinar uma lição e para ser uma inspiração para nós.

A Amma vê até mesmo os seres humanos comuns como Deus, enquanto nós nem somos capazes de ver a Deusa (Amma) como a Deusa, mesmo tendo tido muitas experiências fortes com Ela. Esquecemos a verdade de que a Amma é a Deusa. Embora muitos de nós saibamos no fundo de nossos corações que a Amma é a Divina Mãe, quantas vezes nos lembramos disso? Muitas vezes, nós A consideramos apenas como uma amiga! Eu já vi pessoas se dirigindo a Ela com um: "Oi, como vai?" Certa ocasião, ouvi alguém perguntando à Amma: "Quando é que você e esse pessoal dormem?" Apesar da Amma manifestar todas as qualidades divinas, temos a tendência de ser informais no que dizemos a Ela e como falamos.

Podemos adorar a Amma, nos prostrar diante dela ou fazer *pujas* para Ela. Infelizmente, mesmo quando estamos fazendo tudo isso, nossa mente vaga. Em contraste, a Amma, apesar de todos os nossos defeitos e falhas, constantemente nos vê como Deus. Para um ser assim, nenhuma outra meditação é necessária.

# Capítulo 8

# O caminho da devoção

## Os quatro tipos de devotos

O hinduísmo, também conhecido como *Sanatana Dharma* (O eterno caminho da vida), é formado por um conjunto de diversas vias que levam à Auto-Realização. Esses vários caminhos destinam-se a aspirantes com diferentes inclinações mentais e intelectuais. Nenhum deles pode ser considerado superior ou inferior ao outro. Krishna confirma isso no décimo segundo capítulo do *Bhagavad Gita*, intitulado *Bhakti Yoga* (O Yoga da devoção). Nesse capítulo, Arjuna pergunta a Krishna: "Senhor, há devotos que O amam e adoram como uma pessoa divina, e há outros que O contemplam como uma energia sem forma. Qual desses caminhos é superior?" Em sua resposta, Krishna deixa implícito que ambos os caminhos são igualmente meritórios e que a conveniência de cada deles depende das qualidades do aspirante. Um bebê precisa de alimentos moles e de fácil digestão enquanto um adulto pode necessitar de alimentos com um valor calórico maior. Da mesma forma, caminhos diferentes se ajustam a pessoas diferentes.

Existem poucas pessoas que sentem amor puro por Deus. A maioria das pessoas reza a Deus para ser salva do sofrimento ou para ter as necessidades e desejos satisfeitos. Por isso, no *Bhagavad Gita* os devotos são classificados em quatro grupos:

1) pessoas que estão passando por sofrimentos (*artta*);

2) pessoas que buscam riqueza material ou a satisfação dos desejos (*artharthi*);

3) pessoas em busca de Deus (*jijnasu*);

4) Pessoas que encontraram e se fundamentaram em Deus (*jnani*)

As pessoas aflitas se tornam devotas para se livrarem da dor e do sofrimento. Quando a dor se dissolve, param de rezar ou de adorar a Deus até a próxima vez em que estiverem angustiadas. Para estas pessoas, Deus é como um agente para trabalhar para elas e para satisfazer os desejos delas. De forma geral, não conseguem perceber que o apego delas aos transitórios objetos terrenos é a causa do sofrimento. Deus, para elas, é como um comprimido de analgésico. Esse tipo de devoção trata apenas os sintomas, quando surgem, mas não elimina a causa da doença.

As pessoas da segunda categoria são aquelas que têm muitos desejos terrenos, com freqüência são mesquinhas e gananciosas e buscam a ajuda de Deus para a satisfação dos desejos pessoais. Esse tipo de pessoa pode ser bastante rico, mas não está contente. Essas pessoas amam a Deus principalmente porque Ele pode satisfazer seus tão queridos desejos. Fazem doações a obras de caridade, ou a uma igreja ou templo com a atitude de alguém que paga um prêmio de seguro ou que faz um investimento, esperando em troca um bom retorno.

Um *jijnasu* é alguém que alcançou um estado de desencanto com o mundo e com todos os prazeres terrenos. A futilidade de todos os objetivos terrenos deixou marca neste devoto, que então busca conhecer as verdades superiores da vida. Reza a Deus para que lhe dê devoção, desapego, sabedoria e conhecimento verdadeiros, que são as únicas coisas que podem proporcionar a verdadeira felicidade.

Um *jnani* é alguém totalmente identificado com Deus. Uma pessoa assim vê Deus em tudo e nunca se desvia da meditação ininterrupta na Verdade Superior. Embora completo e perfeito em todos os aspectos, um *jnani* mantém a natureza de devoto apenas para saborear a *lila* de Deus (brincadeira divina). O amor por Deus é um estado natural para o *jnani*. De todos os devotos, o *jnani* é o mais querido do Senhor. Krishna diz: "O *jnani* é o Meu próprio Ser." No *Srimad Bhagavatam*, Ele admite: "Sou um escravo de Meus devotos. Meu coração pertence a Meu devoto, tal o Meu amor por ele." Deus fará qualquer coisa para proteger aqueles que são devotados a Ele. Há diferenças significativas entre esses quatro tipos de devotos. No *Bhagavad Gita*, Krishna declara que todos os devotos são nobres (*udarah*). Mesmo os *artta* e os *artharthi* estão tentando encontrar a felicidade verdadeira e duradoura, ainda que por meio das conquistas materiais. No devido tempo, esses aspirantes gradativamente superam todas as ligaduras terrenas e conseguem perceber que para obter a felicidade verdadeira e duradoura é preciso perceber a Realidade Eterna, isto é, Deus ou o *Atman*. A devoção deles se torna cada vez mais pura e, pouco a pouco, eles se tornam *jijnasus* e depois *jnanis*. Krishna declarou que qualquer um que for devotado a Ele deve ser considerado virtuoso, pois tomou a decisão correta e logo alcançará a paz duradoura. Para alguns, essa transformação pode ocorrer em uma única vida, para outros, pode levar muitas vidas. Mais cedo ou mais tarde, todos alcançarão o Supremo.

## As qualidades de um verdadeiro devoto

No épico *Srimad Bhagavatam*, Krishna diz que Ele segue os passos dos devotos para colocar a poeira dos pés deles em Sua testa. Se Krishna é um servo tão amoroso de alguém, então essa pessoa é realmente um devoto verdadeiro. Quem é então um verdadeiro devoto?

Krishna explica as qualidades de um verdadeiro devoto no *Bhagavad Gita* (Capítulo XII, versos 13-16). Nessa passagem, Ele diz que a primeira qualidade de um verdadeiro devoto é não ter ódio por ser algum de toda a criação. Sentimos ódio quando algo ou alguém se interpõe no caminho da satisfação de nossos desejos, prazeres e expectativas. Esperamos muitas coisas dos outros e, quando nossas expectativas não são cumpridas, começamos a desgostar deles ou a odiá-los. Somente o amor isento de expectativas é o verdadeiro amor. Um verdadeiro devoto não espera algo de pessoa alguma. Esse devoto vê a todos igualmente, aceita o que vier, de bom ou ruim, como a doce vontade de Deus.

Outro fator que leva à raiva por alguém é achar que a pessoa é diferente de nós. Os *jnanis* vêem a si próprios em toda a criação e vêem toda a criação neles mesmos. São plenos de amor por todos os seres do mundo. Esse amor por todos os seres é a segunda qualidade de um devoto.

O melhor exemplo disso é a Amma, que diz: "Um fluxo ininterrupto de amor flui de Mim para todos os seres no cosmos." A Amma não sente qualquer ódio ou ressentimento por criatura alguma no Universo. "Aqueles que Me odeiam e aqueles que Me amam são iguais para mim", diz a Amma. Ela sente o mesmo amor por todos, e o amor dela abrange toda a Criação.

A Amma explica o amor universal com um lindo exemplo. "Se nossa mão esbarra acidentalmente no olho, não a punimos ou culpamos o olho porque são partes do nosso corpo. Essa mesma Consciência também permeia todo o Universo, e toda a Criação é a corporificação de Deus." Um verdadeiro devoto vê o Deus amado em todos os seres. Não há lugar no coração do devoto para qualquer sentimento negativo pelos outros.

Depois que o primo da Amma tentou matá-la, há muitos anos, ele foi hospitalizado com uma doença fatal. Antes da morte dele, Amma o visitou. Ela o acariciou, confortou e alimentou amorosamente com as próprias mãos. O primo ficou cheio de remorso pelo que havia tentado fazer, e caiu em prantos ao experimentar a compaixão e o perdão da Amma.

Um incidente incrível na vida do Santo Namadev ilustra o amor universal de um devoto verdadeiro. Namadev era um devoto ardoroso de Krishna e havia alcançado o cume da realização em Deus. Um dia, Namadev ia começar o almoço – que consistia de alguns *chapattis* (pão seco e achatado) e um pouco de manteiga. Quando ia comer, um cão vira-lata apareceu e fugiu com um *chapatti*. Namadev correu atrás do cão segurando os *chapattis* restantes. Depois de muito correr, finalmente conseguiu alcançar o animal. Tirou o *chapatti* da boca do cão e começou a espalhar manteiga sobre o pão, rogando com amor e devoção: "Ó Senhor, não coma esses *chapattis* secos. Eles podem entalar na garganta. Por favor, coma-os com manteiga." Namadev via o cão como uma manifestação do Senhor. Ao alimentá-lo, estava alimentando Krishna em pessoa. Essa é a visão admirável de um devoto verdadeiro.

Para os verdadeiros devotos, Deus é tudo. Encaram tudo como a vontade de Deus e aceitam a tudo, de bom ou ruim, agradável ou desagradável, como um *prasad* de Deus. A devoção genuína do devoto é sólida em todas as circunstâncias. Ele não reclama nem fica insatisfeito mesmo quando colocado em situações desfavoráveis. Deus habita no coração de um verdadeiro devoto e corre para ajudá-lo sempre que há um problema. Se o chamado de um devoto é sincero, Deus responde imediatamente. Quanto mais intensa for a oração de um devoto, mais rápida será a resposta de Deus.

Nilambaran é um devoto ardoroso da Amma, que morava numa vila perto do *ashram*. Era fazendeiro, e ia aos *darshans* de *bhava* da Amma todos os dias após o trabalho no campo. Há alguns anos, teve problemas financeiros. Certo dia, enquanto trabalhava, disse sem pensar: "Como não tenho dinheiro, acho que minha família vai passar fome nos próximos dias."

Os colegas de trabalho de Nilambaran, que criticavam a Amma, ouviram o que ele disse e o ridicularizaram dizendo: "Por que está preocupado? Com certeza aquela jovenzinha que você adora como sendo Devi vai lhe trazer dinheiro!" Ao ouvir aquelas palavras de zombaria, Nilambaran ficou muito triste e rezou com fervor para que a Amma o tirasse daquela situação delicada. Na hora do almoço, os camponeses se sentaram à sombra de uma árvore. De repente, uma menina se aproximou de Nilambaran com uma nota de vinte rúpias na mão. Sem dizer uma só palavra, colocou o dinheiro na mão dele e partiu. O devoto ficou surpreso, pois nunca vira aquela menina antes. Ele não sabia por que ela lhe havia dado aquela nota de vinte rúpias. Os outros homens acharam que a menina estava pagando alguma dívida, mas Nilambaran não havia emprestado dinheiro a qualquer pessoa. Perguntaram a ele quem era a garota, mas ele respondeu que não sabia. Os colegas de trabalho também ficaram surpresos.

Durante o *Devi Bhava* do dia seguinte, quando Nilambaran foi receber o *darshan* da Amma, Ela sussurrou em seu ouvido: "Filho, Devi lhe deu o dinheiro ontem? Meu filho, foi a Amma quem esteve com você." Nilambaran ficou estarrecido, e lágrimas de devoção escorreram pelo rosto dele.

Um verdadeiro devoto entrega tudo - corpo, mente e intelecto - a Deus e depende inteiramente dele, mas essa entrega é difícil de alcançar. Quando surgem situações tentadoras, é possível que abandonemos esse espírito de entrega. Muitas pessoas alegam ter se refugiado em Deus e, ainda assim, tendem a esquecer isso e acreditam apenas nos próprios poderes. Orgulham-se da habilidade que têm para resolver os problemas. Quando o ego entra em jogo, toda a entrega desaparece. Há uma história de Shiva que revela de forma clara essa verdade.

Certo dia, Shiva estava sentado com sua consorte sagrada, Parvati, no monte Kailasa. Ergueu-se de repente e saiu sem dizer uma palavra. Parvati ficou surpresa, mas, alguns segundos depois, Shiva voltou e sentou-se. Parvati então perguntou: "Meu Senhor, onde foi tão repentinamente e por que voltou tão rápido?"

Shiva respondeu: "Um de meus devotos estava sendo assediado por alguns criadores de caso e o devoto implorava minha ajuda." Parvati perguntou: "O Senhor o salvou?"

Shiva sorriu e disse: "Não houve necessidade de minha intervenção. Assim que cheguei, vi que o devoto havia pegado uma pedra e já pedia às pessoas do local para juntar-se a ele na luta. Então, voltei. Se o devoto acha que pode se proteger, por que precisaria da minha ajuda para salvá-lo?"

A história não significa que não devemos nos defender se formos atacados ou ameaçados, mas sim que devemos sempre nos lembrar que é o poder de Deus e não o nosso ou o de nossos companheiros que traz a vitória.

## Tudo é a vontade de Deus

Um aspirante que segue o caminho da devoção contempla: "Tudo é o meu Bem-Amado. Eu sou absolutamente nada. Tudo acontece de acordo com a vontade de Deus."

O devoto se considera um instrumento ou um servo de Deus, e assim as chances de se tornar egoísta são menores do que para o aspirante que segue outro caminho. Para um verdadeiro devoto, tudo é Deus. Isso contrasta com o aspirante que segue o caminho do conhecimento, que pensa: "Eu sou tudo (o Eu Superior)."

São muitas as vantagens de ser um devoto. A vida de um verdadeiro devoto é totalmente dedicada a Deus, seja qual for a situação. Os sofrimentos não o afetam. O devoto leva uma vida livre de preocupações sob as asas protetoras de Deus, sempre se alegrando no pensamento de seu amado Senhor. Mesmo assim, esses devotos são raros. Obter uma devoção tão pura é como ganhar na loteria. O número de aspirantes é tão grande e o de ganhadores tão pequeno! Alcançar a pura devoção exige realmente a suprema graça de Deus. Entretanto, é muito mais fácil para nós que temos a Amma em nosso meio como a verdadeira corporificação do amor e da graça divinos.

O fruto da devoção pode ser usufruído desde o início. Como a Amma coloca: "*Bhakti* (devoção) é como uma jaqueira que produz frutos desde a base, os frutos podem ser colhidos com facilidade. No caso de outras árvores (que podem ser comparadas a outros caminhos espirituais), talvez seja preciso subir até o alto para colher o fruto. No caminho da devoção, é possível usufruir o fruto da bem-aventurança desde o início, o que em outros caminhos só poderá ser alcançado no final."

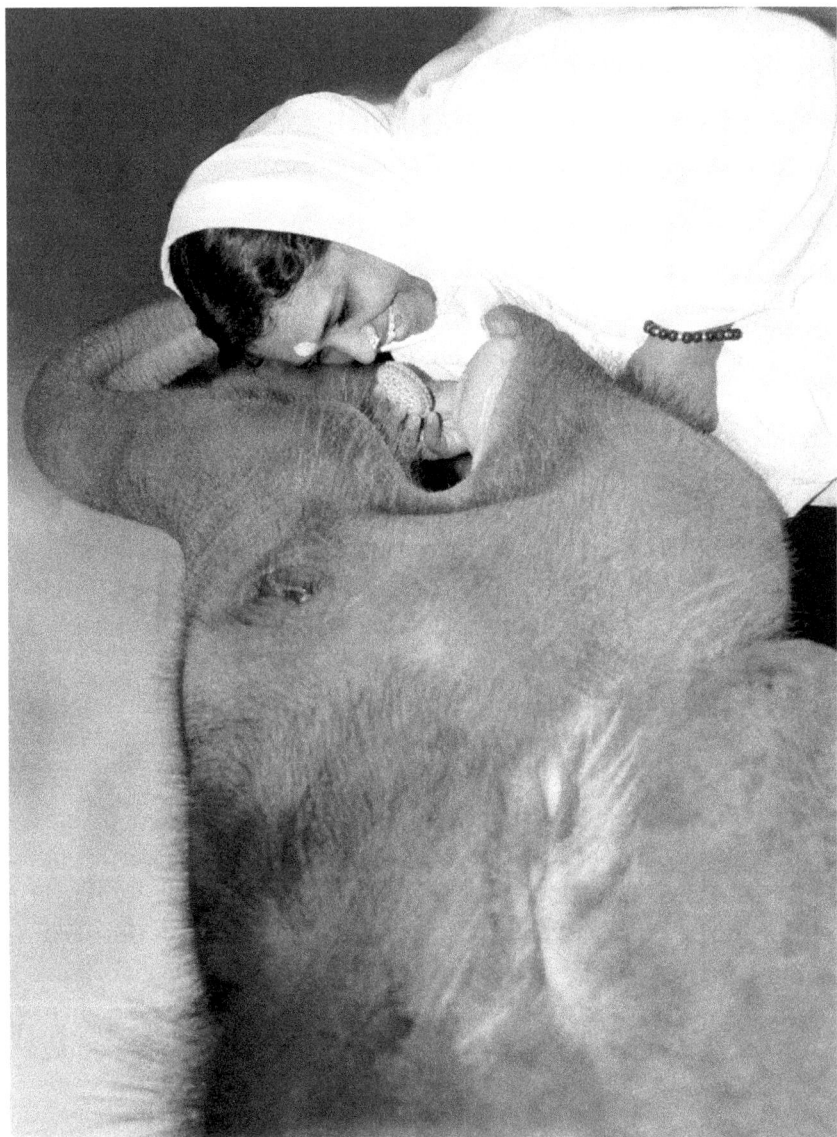

# Capítulo 9

# O caminho da ação

## Compreender e aceitar com desapego

Porque rezamos a Deus? A maioria de nós reza porque quer ser feliz e satisfeita. Para colocar de forma simples, oramos para conseguir algo ou para nos livrar de algo. Suponha que passemos o tempo todo lembrando de nosso guru ou de Deus e, mesmo assim, sejamos assolados por problemas, um após o outro. Quanto tempo irá durar nossa fé ou devoção? Quem pode continuar amando um Deus invisível que nunca perde uma oportunidade de nos enviar problemas e tribulações? Nessas circunstâncias, a pessoa pode até se tornar atéia. Amar aqueles que servem como instrumento para nos causar dor e sofrimento é ainda mais difícil.

Mas olhe para a Amma. Ela não recebeu amor das pessoas durante a infância. A família toda e os moradores da vila sempre A censuravam e A ridicularizavam. Não havia pessoa alguma para fortalecer a alma dela com conselhos espirituais - não tinha um Guru. (É claro que Ela não precisava realmente de um mestre, pois nasceu com a sabedoria e o conhecimento supremos).

Apesar de todas essas circunstâncias adversas, Ela nunca reclamou nem perdeu a fé uma única vez. A Amma respondia apenas com amor e compaixão a todos os tratamentos rudes que recebia. Ela sempre foi como a rosa que recebe apenas esterco e sujeira e dá beleza e fragrância ao mundo.

Certa vez perguntei a Ela: "Amma, a Senhora não ficou desapontada com a vida, especialmente durante aquele longo período de dificuldades?"

A resposta dela foi: "Não fiquei desapontada de modo algum, porque conhecia a natureza das pessoas e do mundo e nunca esperei nada de alguém. Simplesmente continuei fazendo o Meu trabalho e cumprindo Minhas responsabilidades sem esperar nada. Portanto, não há desapontamento." A Amma acrescentou também que não espera para aproveitar os resultados de Suas ações, mas aprecia a própria ação. Essa é uma mensagem importante para todos nós.

Podemos achar que a fibra, a coragem e a compaixão da Amma estão além do nosso alcance. No entanto, se tentarmos incorporar esses ensinamentos dela, podemos, sem dúvida, melhorar nossas próprias vidas.

Para cada evento que vivenciamos, pode haver muitos resultados possíveis. Infelizmente, por nossa visão limitada, esperamos somente um resultado e nos decepcionamos se ele for diferente do que previmos. Isso não significa dizer que devemos simplesmente aceitar tudo o que acontece. Não é preciso ser uma simples marionete nas mãos dos acontecimentos. Tentemos nosso melhor para alcançar o resultado que queremos, mas se isso não for possível, devemos aprender então a aceitar o resultado, seja qual for.

Algumas vezes, a situação é tal que não podemos fugir do problema, seria como tentar se distanciar dos próprios pés! Mas ao mesmo tempo, talvez não tenhamos força para enfrentar o problema. O que podemos fazer?

É necessário ter um claro entendimento e aceitação da situação. Um homem disse a um amigo: "Em um dia frio, eu sei o que fazer: tentar me manter aquecido. Se isso não for possível, sei que posso fazer uma outra coisa: congelar!"

Segundo as escrituras hindus, a chave para o sucesso na vida é agir com todo o coração, sem se apegar aos frutos da ação, sem ficar muito preocupado com o resultado. Podemos achar que é impossível agir sem expectativas. Muito bem, então, se você precisa ter expectativas, espere qualquer resultado possível. Caso contrário, esteja preparado para o desapontamento.

Imagine que eu precise de mil dólares e peça emprestado a um amigo. Há cinco resultados possíveis:

Ele pode me dar o dinheiro;

Ele pode achar que sou uma pessoa boa, lembrar que o ajudei em muitas ocasiões e, assim, me dar mais que os mil dólares;

Ele pode também estar tendo alguns problemas financeiros e me dar somente 500 dólares;

Ele pode estar com problemas financeiros tão sérios que não poderá me emprestar dinheiro algum;

As dificuldades financeiras do meu amigo podem ser maiores que as minhas e, em vez de me ajudar, pode me pedir dinheiro emprestado. Assim, posso terminar emprestando algum dinheiro a ele.

Ou seja, posso conseguir mais ou menos do que pedi, posso conseguir o valor exato ou não conseguir empréstimo algum. Posso até acabar tendo que emprestar dinheiro a ele, se as necessidades do meu amigo forem maiores do que as minhas. Qualquer um desses resultados é possível. Não temos controle sobre o que pode acontecer. Como diz o *Bhagavad Gita*: "Temos a liberdade para agir, mas não para determinar o resultado, porque o resultado de uma ação depende de outros fatores. Portanto, aja sem se apegar aos resultados."

Reconhecer essa verdade não é pessimismo, é simplesmente ser realista. Talvez você conheça a lei de Murphy: "Qualquer coisa que pode dar errado, dará errado." Por exemplo, se um carro pode quebrar, ele quebrará. Podemos transformar o pessimismo em realismo acrescentando: "Se ele não quebrou, agradeça a Deus." Apenas uma mente forte e receptiva pode assimilar essas verdades.

## Exercitando a mente

A verdadeira maturidade é cultivar a força e o entendimento para aceitar os resultados de nossas ações, sejam eles quais forem. É por isso que a Amma diz que a maturidade mental e emocional é muito importante para uma vida feliz e tranqüila.

A Amma dá um exemplo. Se exercitarmos somente a parte superior do corpo, os braços e tronco, essas partes com certeza desenvolverão músculos fortes, enquanto a parte inferior do corpo ficará menos desenvolvida. A pessoa vai ficar muito engraçada com os peitorais, os bíceps e tríceps musculosos e com coxas e pernas finas! O desenvolvimento será desproporcional.

A maioria de nós é fisicamente forte e maduro. Muitas pessoas praticam exercícios físicos para manter a forma. Infelizmente, quase ninguém exercita a mente para torná-la mais forte e madura. Se você quer ser um ótimo halterofilista, precisa praticar levantamento de halteres pesados, não basta ficar erguendo um pedaço de papel ou um lápis. Da mesma forma, se quisermos ser plenamente desenvolvidos, precisamos exercitar a mente, que é a base de todas as nossas ações, palavras e pensamentos. As situações difíceis e desafiadoras da vida podem ser usadas como exercícios para a mente.

Quando agimos com muito apego ou preocupação com os resultados de uma ação, nosso desempenho é afetado. Quando participamos de uma competição, é natural desejar ganhar o primeiro prêmio, mas muitas vezes o forte desejo de ganhar pode nos desestabilizar. Se pensarmos mais em vencer do que em competir, a pressão para ganhar minará nossa força. A mente não pode funcionar bem se estiver apegada a um resultado.

Tomemos o exemplo de uma competição de tiro ao alvo. Durante os exercícios práticos, muitos participantes se saem muito bem. Não pensam em atirar para ganhar algum prêmio, estão apenas praticando. Entretanto, durante a competição, quando começam a atirar, pensam em ganhar o prêmio e ficam nervosos. Podem chegar a ver dois alvos e errar a pontaria! Não é a habilidade do atirador que diminui, mas o pensamento da vitória divide a atenção da pessoa, perturbando assim a concentração.

Gostaria de relatar uma de minhas experiências a esse respeito. Após terminar a faculdade, candidatei-me a um emprego e fui chamado para uma entrevista. Era minha primeira entrevista, e a pressão criada pela minha decisão de conseguir aquele emprego específico gerou em mim uma grande dose de tensão e estresse. Eu estava concentrado apenas em conseguir o emprego e no que faria se não o conseguisse. Compareci à entrevista, e fizeram-me apenas perguntas simples, mas devido ao meu estado de espírito naquele momento, confundi-me nas respostas, que não causaram uma boa impressão. Ao final da entrevista, o encarregado disse: "Obrigado. Entraremos em contato." Isso ocorreu há anos e ainda não entraram em contato!

Assim, nossa obsessão ou ansiedade sobre os resultados de nossas ações tem um preço. A Amma sempre diz que enquanto você age, deve colocar toda a atenção na ação, sem pensar no resultado. Antes de começar a agir, tenha certeza sobre seu objetivo. Mas quando agir, não deve haver qualquer perturbação ou distração em sua mente.

A Amma conquistou uma maturidade psicológica impressionante ainda criança e conseguiu isso aprendendo com cada situação adversa que enfrentava. Cada experiência difícil era uma passagem do livro da vida que Ela assimilava sem qualquer ressentimento ou ódio. A atenção, consciência e discernimento da Amma tornaram-Na capaz de assimilar todos os tipos de experiência, e Ela estava sempre pronta para mais. Cada evento adverso se tornava alimento para que Seu espírito crescesse em esplendor e força. Ela nunca deixou de aprender uma lição nova de qualquer situação na vida. É por isso que hoje a vida da Amma brilha como a Estrela do Norte, guiando um número incontável de almas perdidas.

A Amma não apenas tem essa capacidade, como também nos ajuda a desenvolvê-la. Durante um dos programas no *ashram* de San Ramon, Califórnia, houve um incêndio acidental na cozinha, e alguns devotos sofreram queimaduras. A Amma, os *swamis* e muitos outros devotos foram visitar os feridos no hospital, dando apoio moral e orando por eles. Amma também conversou com eles muitas vezes por telefone. Embora sofressem fisicamente, as mentes dos devotos não foram afetadas de forma negativa por causa do amor e preocupação da Amma. De fato, todos já estavam de volta à cozinha na visita seguinte da Amma à San Ramon, e tinham ainda mais entusiasmo e dedicação do que antes.

Quando conversei com eles, disseram-me que a fé na Amma havia aumentado após o incidente, porque tinham sentido a presença, a graça, a força e o apoio dela durante todas as dificuldades. Eles também sabiam que, se o acidente tivesse acontecido em qualquer outro lugar ou em qualquer outra época, não teriam se recuperado tão rápido do choque, da dor e do sofrimento. Muitos deles disseram que cada vez que a Amma telefonava ou lhes enviava um *prasad* através de outros devotos, ganhavam nova dose de energia e força. Sabiam que aquele sofrimento era o *prarabdha karma* deles, e que o acidente teria acontecido onde quer que estivessem. Como o acidente aconteceu quando a Amma estava próxima, puderam receber atenção pessoal e consolo dela, o que ajudou muito a diminuir o sofrimento deles.

Um dos devotos disse: "O fogo feriu nossos corpos, mas não afetou nossa fé e nosso espírito. Na verdade, aumentou a nossa fé." Viram o acidente como uma oportunidade para crescer e dedicar ainda mais a vida deles à Amma, sem considerá-lo de forma negativa ou como uma fatalidade do destino. Não permitiram que se tornasse um bloqueio intransponível, mas, em vez disso, o transformaram em uma oportunidade de crescimento espiritual.

## Beco sem saída

Como aspirantes espirituais, estamos todos interessados no crescimento espiritual. Queremos progredir em práticas espirituais como a meditação ou a recitação de mantras, e sabemos como é importante ter uma mente calma e tranqüila durantes as práticas. Muitas pessoas que começam essas práticas ficam desapontadas porque não conseguem silenciar a mente. É muito importante para um aspirante entender quais são os fatores que afetam a mente durante a meditação.

A maioria de nós se dedica diariamente a uma prática espiritual por um determinado tempo, e, no resto do dia, nos envolvemos em diversas atividades, como administrar as tarefas domésticas, cumprir as obrigações profissionais, estudar, assistir televisão, ir ao cinema etc. Muitas dessas atividades terrenas não são propícias à meditação. Na verdade, o impacto dessas ações perturba a mente e coloca em risco os resultados obtidos por meio da meditação. É como misturar sal com açúcar. O açúcar é a serenidade obtida com a meditação e outras práticas espirituais. O sal é o impacto das ações externas. Não podemos apreciar o doce em uma mistura de sal e açúcar. Não podemos experimentar o fruto da meditação quando é influenciada por nossas atividades diárias.

A Amma dá o exemplo de uma escada rolante que se move na direção oposta da que queremos ir. Não importa a velocidade com que caminhamos, avançamos pouco. Assim, nos vemos em um "beco sem saída". Se continuarmos com as ações externas, muitas dessas atividades nos impedirão de vivenciar frutos da meditação. Mas se abandonarmos essas atividades, não poderemos ganhar o nosso sustento e, sem ele, como poderemos meditar em paz? Portanto, qual é a solução?

Todas as nossas ações exercem um impacto sobre a meditação, direta ou indiretamente. Algumas ações têm um efeito positivo, e outras, um efeito negativo. A solução é tentar converter cada ação em uma adoração a Deus. Procure se lembrar de Deus a cada ação. Ter esta atitude consciente em relação às nossas atividades diárias nos ajudará na meditação.

## Transformar o trabalho em adoração

Se observarmos a vida da Amma quando jovem, poderemos ver como Ela transformava cada tarefa doméstica em uma forma de adoração. Ela tinha muitas atividades que geralmente não são consideradas espirituais: cozinhar para a família, limpar a casa, lavar roupa, pegar água de uma bica pública e cuidar das vacas. Por causa de Sua atitude, a Amma conseguiu transformar esse trabalho rotineiro em uma adoração a Deus. Enquanto preparava a comida para a família, Ela tinha a postura de estar cozinhando para Krishna. Enquanto limpava a casa, imaginava que o fazia para receber a visita de Krishna. Enquanto lavava a roupa da família, a Amma imaginava que estava lavando as roupas de Krishna. Como tinha amor e devoção puros por Krishna, era capaz de colocar o coração e a alma naquele trabalho sem nunca ficar entediada ou chateada. Ela sempre orava para ter mais trabalho, para que pudesse servir a Krishna até satisfazer seu coração. Nenhum dos maus-tratos que sofreu dos pais ou de outros pôde afetar Sua alegria interior ao servir o amado Krishna da melhor possível.

Se tivermos esse amor e devoção a Deus ou ao guru, nós também poderemos experimentar essa alegria interior. Poderemos melhorar a qualidade de nosso trabalho e de nossa meditação e viveremos cheios de amor e felicidade. Quando treinarmos a mente para olhar cada objeto como pertencente a Deus ou à Amma, e tivermos a postura de encarar cada trabalho como uma oportunidade de estar a serviço dele ou dela, será possível então alcançar essa sinergia entre trabalho e meditação.

Se trabalharmos e cumprirmos nossos deveres com essa atitude de devoção, poderemos também superar muitas das nossas tendências negativas.

Quando eu trabalhava no banco, ficava zangado com os clientes, especialmente com as pessoas que pareciam aldeões sem instrução. Se alguém cometia um erro ao preencher um formulário de depósito ou de saque, eu ficava irritado. Esse hábito permaneceu por alguns anos, mesmo depois que encontrei a Amma. Depois de ouvir as orientações amorosas dela, senti que tinha que me desfazer desse mau hábito. Tentei muitas vezes, mas sempre fracassava.

Certo dia, fui até a Amma, contei-Lhe sobre minha falta de paciência e perguntei como superar isso. A Amma me deu um método bastante simples. Ela me perguntou se havia alguém que eu amava e respeitava muito. Lembrei-me de um dos meus mais conceituados professores e também de um de meus gerentes no banco, que eu não só amava e respeitava, mas também visitava com freqüência, e contei à Amma sobre eles. Ela me perguntou: "Se eles enviassem uma pessoa ao banco para que você fizesse um favor a eles, o que você faria?" Respondi que receberia a pessoa com carinho e faria tudo o que fosse necessário para ajudá-los. A Amma perguntou então: "E se a Amma mandasse alguém para você?" Respondi que se eu soubesse que a Amma havia enviado alguém, eu atenderia a pessoa com amor e até lhe serviria chá e biscoitos! A Amma disse: "Então, veja só. De amanhã em diante, quando estiver no banco lidando com os clientes, imagine que é a Amma que está mandando cada um deles para você. Se você realmente Me ama, os tratará amorosamente, não se zangará, mesmo que cometam erros. A partir de amanhã, tente esse método."

Fiquei muito feliz em ouvir uma solução tão simples, mal sabendo como seria difícil colocá-la em prática. Fracassei muitas vezes e, depois de me dar conta do erro, desculpava-me com a pessoa com quem tinha perdido a calma. Todos os dias, antes de começar a trabalhar, eu rezava para que a Amma me desse força e paciência. Depois de alguns meses, na maioria das vezes, eu já conseguia controlar meu temperamento estourado. Além disso, comecei a ficar feliz porque estava conseguindo praticar os ensinamentos da Amma. Em alguns anos, ficou fácil lidar com os clientes com amor e um sorriso nos lábios.

Antes, eu achava que perdia meu tempo no banco enquanto os outros *brahmacharins* estavam fazendo exercícios espirituais no *ashram*. Esse sentimento de frustração também era uma das razões da minha falta de paciência com os clientes. Depois de receber esse método eficiente para tratar a todos com amor, eu sabia que estava fazendo minha prática espiritual no banco. Ficava feliz com cada cliente que saía do banco sorridente por causa da minha delicadeza, sabendo que eu estava seguindo as orientações da Amma e cultivando uma atitude de adoração em meu trabalho.

## Compreensão e atitude corretas

Um fazendeiro, dono de uma grande propriedade, foi a uma loja comprar uma serra para cortar algumas árvores do pomar. O vendedor mostrou-lhe a serra mais moderna, dizendo que poderia cortar cinqüenta árvores em uma hora. É claro que a serra era cara, mas o fazendeiro decidiu comprá-la. Uma semana depois, ele retornou à loja com uma reclamação. "Essa serra está com defeito", disse ao vendedor. "Você me disse que eu poderia cortar cinqüenta árvores em uma hora, mas eu não consegui cortar nem dez." O vendedor pegou a ferramenta e ligou-a para testá-la. Imediatamente ela fez um grande ruído. O fazendeiro ficou surpreso. "Espere aí! Que som é esse? Eu nunca ouvi esse som enquanto usava a serra."

O fazendeiro havia usado a serra elétrica como se fosse manual! Estava usando a ferramenta sem ligá-la na tomada. Ele simplesmente não tinha o conhecimento apropriado.

Precisamos de uma boa compreensão da razão de estarmos fazendo práticas espirituais e de como nossas ações influenciam essas práticas. Com a compreensão e a atitude corretas, a maioria das ações que cometemos irá contribuir para nossas práticas espirituais. A Amma diz que, com a atitude correta, nossas ações poderão ser convertidas em adoração.

Quando assumimos o papel de chefes de família, temos muitas responsabilidades. Cumprir nossas responsabilidades familiares com amor e sinceridade, sem esperar nada em troca, é uma forma de adorar a Deus ou à Amma. Se desempenharmos essas tarefas como uma forma de agradar a Amma ou a Deus, isso nos ajudará nas práticas espirituais.

Às vezes, apesar de cumprirmos nossos deveres com a família de maneira sincera, pode ser que não recebamos uma resposta positiva deles. Eles podem não apreciar nosso esforço e até nos entender mal e se comportar de forma rude conosco. Ainda assim, se formos sinceros e fizermos nossas tarefas como uma oferenda a Deus ou à Amma, teremos uma enorme ajuda em nosso progresso espiritual.

Para cada ação há dois resultados, um deles é visível e o outro não. Quando ajudamos alguém, por exemplo, quando damos comida a uma pessoa faminta, podemos ver o rosto feliz e satisfeito da pessoa quando a fome é saciada. O efeito não visível dessa boa ação é o mérito ou o carma positivo que se acumula a nosso favor, e esse mérito dará frutos no devido tempo.

Da mesma forma, existem dois efeitos quando um assassino mata alguém. O efeito visível é que a vítima morre. O efeito invisível é o pecado ou carma negativo que o assassino provoca, e isso irá, de forma invariável, assombrar e afligir o criminoso, mesmo que ele consiga escapar da lei.

Se o outro aprecia ou não nossas palavras e ações positivas, o benefício do efeito não visível sempre virá para nós no futuro. Essa é a vantagem de cumprir com nossos deveres e responsabilidades de forma sincera.

Tendemos a gostar de algumas de nossas responsabilidades e a não gostar de outras. Um dos pais não gosta de ajudar os filhos com o dever de casa, enquanto o outro não gosta de levar o lixo para fora. Gostamos de brincar com nossos filhos quando estão sorrindo, mas não gostamos de lidar com eles quando estão chorando.

Havia um casal que tinha um filho que chorava com freqüência. A cada vez que ele chorava, a mãe vinha correndo, mas o pai ignorava o choro do menino. Enfim, a mãe gritou para o pai: "Por que você não vai confortá-lo algumas vezes? Afinal de contas, ele é metade seu filho."

O pai do menino respondeu: "É, mas a minha metade é a metade quieta!"

Quando temos gostos e aversões, a mente fica agitada e, com isso, a meditação é perturbada. É importante remover ao máximo possível os gostos e aversões. Se cumprirmos nossas responsabilidades com a atitude e compreensão corretas, esses deveres poderão nos ajudar a superar isso.

Um jovem, que queria ser um *brahmacharin*, havia acabado de entrar para o *ashram* da Amma. Ele, no entanto, não estava

interessado em recitar mantras. Achava que era um exercício chato
ficar repetindo sempre as mesmas palavras. A Amma sempre diz
que devemos tentar recitar nosso mantra o maior número de vezes
possível. Sabendo de sua aversão pelos mantras, a Amma deu-lhe a
tarefa de atender os telefonemas no balcão de recepção e informação.
Todas as chamadas tinham que ser respondidas, pois não tínhamos
o luxo de uma secretária eletrônica.

Quando atendemos um telefonema no *ashram*, normalmente
dizemos: *"Om Namah Shivaya"* e não "Alô" ou "Olá". Quando nos
despedimos, também dizemos: *"Om Namah Shivaya"* e não "Tchau".
Sabemos que *"Om Namah Shivaya"* é um mantra poderoso que significa "Eu me prostro ao Eternamente Auspicioso". O rapaz tinha
que repetir *"Om Namah Shivaya"* a cada vez que atendia ao telefone
e a cada vez que desligava. A cada dia repetia o mantra pelo menos
umas cem vezes. Como as linhas telefônicas eram ruins naquela
época, a conexão era péssima, o que obrigava o *brahmacharin* a gritar
*"Om Namah Shivaya"* algumas vezes mais. Dessa forma, ele repetia
o mantra centenas de vezes por dia. Embora estivesse dizendo *"Om
Namah Shivaya"* todas essas vezes por dia, ele não tinha consciência
de que estivesse entoando o mantra. Com o tempo, como fazia seu
trabalho bem, o *brahmacharin* superou sua aversão em relação aos
mantras. Por fim, certo dia, ele foi até a Amma e pediu para ser
iniciado com o mantra *"Om Namah Shivaya"*.

Não importa se somos uma pessoa de negócios, um operário,
uma dona-de-casa, um político ou um médico, se cumprirmos nossos deveres como uma oferenda ao Divino poderemos, com grande
sucesso, superar nossos gostos e aversões. Isso nos ajudará em nossa
meditação, porque quanto menor o número de nossas preferências
e aversões, mais calma e quieta a mente ficará e a meditação será
mais fácil.

Quando essa tendência é conquistada, é mais fácil ver Deus em
tudo. Não julgaremos mais uma pessoa como alguém que gostamos
ou não. De forma geral, gostamos ou amamos uma pessoa por causa
de nossa ilusão ou apego e não gostamos de alguém por causa de

nosso egoísmo, ciúme ou de outra qualidade negativa que nos impede de ver a divindade naquela pessoa.

Mesmo com a idade de dez anos, a Amma era madura o suficiente para entender o que eram compreensão e atitude corretas. Na vila, havia muitas pessoas idosas abandonadas pela família. Algumas eram doentes, outras tinham terríveis doenças contagiosas de pele e até mesmo as famílias os evitavam, mas a Amma ia visitá-las. Conversava com elas de forma afetuosa, dava-lhes banho, lavava suas roupas e as alimentava. Quando Seus pais A repreendiam por perder tempo fazendo isso, Ela respondia: "Eu não acho que servir essas pessoas é perda de tempo, porque não as vejo como diferentes de Deus. Ao servi-las, Eu sirvo a Deus."

A Amma costuma dizer: "O Sol não precisa da ajuda da luz da vela. Assim também, Deus não necessita de coisa alguma de nós. Deus não está sentado em algum lugar lá em cima além das nuvens; Ele habita em todas as criaturas. Portanto, ao servir os outros, especialmente os pobres e sofredores, estamos na realidade servindo a Deus."

## Apreciando Deus em todas as coisas

Certo dia, um garoto malvado da vizinhança foi pego roubando algumas jóias e dinheiro do escritório do *ashram*. Naquela época, a condição financeira do *ashram* era muito delicada, e esse menino já havia sido advertido pelos residentes várias vezes. Por isso, quando foi novamente apanhado roubando, ficamos muito zangados. Amarramos as mãos dele às costas e o levamos até a Amma achando que Ela lhe daria uma boa reprimenda. Ao ver o garoto, a Amma sorriu e, de repente, pareceu que Ela estava em um outro mundo.

Esperamos por mais de quinze minutos, mas não houve resposta. Por isso, deixamos o garoto ir, dando-lhe uma severa advertência. Mais tarde, a Amma nos contou que quando o garoto ficou de pé à Sua frente com as mãos amarradas, Ela se lembrou de Krishna criança. Quando criança, Krishna roubava manteiga e leite das casas das mulheres que ordenhavam as vacas. Os vizinhos reclamavam com a mãe adotiva de Krishna, Yashoda. Todos os dias, havia novas histórias sobre as estripulias de Krishna. As reclamações foram aumentando até que, finalmente, tornaram-se insuportáveis para ela. Irritada, Yashoda atou as mãos de Krishna às costas e O repreendeu.

Muitos leitores ocidentais podem ter interesse em saber por que motivo Krishna agia como um "ladrão de manteiga". Em Brindavan, onde Krishna morava quando criança, as *gopis* eram vaqueiras pobres que ganhavam a vida vendendo leite e manteiga. Krishna viu que todos os pensamentos delas se resumiam a esses produtos do leite. Portanto, embora tivesse tudo que precisava em casa, ia até as casas das *gopis* e roubava leite, coalhada e manteiga. Elas amavam tanto Krishna que todos os dias desejavam que Krishna escolhesse a casa delas para roubar. As *gopis* também gostavam de contar umas às outras e à mãe de Krishna sobre as travessuras do menino. Krishna logo virou a figura central de todos os pensamentos e conversas das *gopis*, e portanto, sem esforço, elas podiam meditar sobre Krishna durante o dia todo. Assim, ao roubar a manteiga, Krishna na verdade roubava os corações das *gopis*.

Quando a Amma viu o garoto que havia roubado o *ashram*, sentiu que era Krishna menino em pé diante dela. Como poderia repreendê-lo? A Amma pode ver Deus até mesmo em um ladrão. O garoto transformou-se por causa do comportamento da Amma e nunca mais roubou. Quando a Amma viu a divindade nele, deve também ter invocado as boas qualidades escondidas dentro dele.

Isso não significa que devamos deixar os criminosos fazerem o que quiserem, dizendo que vemos Deus neles. Se alguém nos rouba ou comete qualquer outro crime, é claro que devemos nos proteger e chamar a polícia. Devemos agir com discernimento. Mesmo que vejamos Deus em um criminoso, talvez não sejamos capazes de despertar a divindade nele!

Poucos dias depois, cometi um erro e sabia que a Amma iria me chamar a atenção. Tendo testemunhado como a Amma vira o pequeno Krishna no ladrãozinho, pedi a um *brahmacharin* que atasse minhas mãos às costas e que me levasse até Ela. Eu estava certo de que Ela veria a Krishna em mim também. Contudo, Ela simplesmente me ignorou. Como eu era um aspirante espiritual, ela esperava que eu tivesse um pouco mais de discernimento e maturidade.

Durante a juventude, qualquer coisa na natureza era suficiente para fazer a Amma entrar em *samadhi*. Olhando os peixes pulando no mar, ou observando as ondas na superfície da água, ou ainda quando a brisa acariciava Seu corpo, Ela perdia a consciência e mergulhava em meditação.

Lembro-me de um incidente que ocorreu no *ashram* de San Ramon. Era uma noite de lua cheia, a Amma terminara o *darshan* noturno por volta das duas da manhã. Estávamos voltando do templo para a casa onde Ela passaria a noite. Ela olhou para a lua cheia e exclamou: "Que maravilha!" Continuamos a dirigir até a casa, e a Amma foi para o quarto. Ela esperou até que todos fossem dormir e então caminhou para uma colina próxima. Mais tarde, a *brahmacharini* que acompanhava a Amma nos disse que Ela passara quase quatro horas dançando sob a luz da lua cheia.

A simples visão da lua cheia foi suficiente para colocá-La em um estado de êxtase. A maioria de nós não é assim. Todos já vimos muitas luas cheias, até mesmo "luas azuis", mas elas não nos causaram tanto impacto. Na verdade, quando vejo uma lua cheia, ela me lembra um *chapatti* ou um *pappadam*! Por que nossas reações são tão diferentes das da Amma? O que será necessário para que sejamos como Ela?

É tudo uma questão de treinar a mente para fazer a mudança em nossa atitude e em nossa forma de lidar com as atividades diárias.

Certa vez, um grupo de noviços estava sendo treinado em um monastério. Depois de cada sessão, havia um intervalo. Durante esse intervalo, eles podiam relaxar, apreciar a natureza e passar algum tempo em oração. Era chamado de "intervalo da oração". Um dos noviços ainda não havia abandonado o hábito de fumar. Por isso, pediu permissão ao superior para fumar durante o intervalo da oração. O sacerdote, furioso, disse-lhe que ele estaria pecando se fumasse durante a hora da oração.

No dia seguinte, durante o intervalo da oração, o fumante surpreendeu um outro noviço fumando alegremente entre os pés de roseira no jardim. O primeiro noviço que havia sido repreendido pelo sacerdote ficou chocado em ver um irmão fumando e perguntou: "Como conseguiu permissão para fumar? Quando eu pedi, o sacerdote ficou furioso comigo."

O noviço fumante disse: "O que exatamente você pediu ao sacerdote?"

Ele replicou: "Perguntei se podia fumar durante o intervalo da oração."

"Foi aí que você errou", o noviço fumante retrucou. "Eu perguntei se podia rezar enquanto fumava e o sacerdote respondeu: "Com certeza! Na verdade, você deve estar sempre rezando."

Simplesmente mudando a ordem das palavras, o noviço conseguiu permissão para fazer o que queria. Fumar enquanto se reza é considerado um pecado, mas rezar enquanto se fuma não é.

Assim também, uma pequena mudança em nossa atitude irá melhorar muito a qualidade de nossa prática espiritual. Os pensamentos mundanos durante a meditação são um impedimento para a meditação. Por outro lado, pensar em Deus enquanto se cumpre os afazeres diários, na verdade, ajuda a meditação.

Portanto, vamos tentar nos lembrar da Amma onde quer que estejamos e durante tudo o que fizermos, de forma que nossa vida toda se torne uma meditação. Esta é a hora. Este é o momento. Ainda não é tarde para começar a nossa jornada e nosso progresso espiritual.

Isso me faz lembrar de um famoso poema:

*Quando a luz do dia brilhou,*
*E o mercado abriu*
*Eu não comprei produto algum.*
*Infelizmente para mim, a noite chegou,*

*As lojas estão fechadas.*
*Lembro-me das coisas que preciso.*

Portanto, acorde.
Façamos uso da graça da Amma, de Seu amor e compaixão. Os braços da Amma estão sempre abertos, prontos para nos abraçar.

# Capítulo 10

# O caminho do conhecimento

## A natureza da mente

O aspirante que segue o caminho do conhecimento medita em Brahman[1] e nos aforismos: "Eu sou Brahman, Eu sou o indestrutível, eterno Atman. O Eu Superior em mim é o Ser Supremo em todos os seres." Segundo Sri Krishna, o caminho do conhecimento exige muito controle sobre os sentidos e uma mente tranqüila. Além disso, os obstáculos que o aspirante enfrenta no caminho do conhecimento são enormes. Alguém que constantemente contempla: "Eu sou Brahman, o Supremo Ser", tem muitas chances de se tornar egoísta, exceto se já tiver atingido um grau considerável de pureza mental, nessa vida ou nas anteriores, e se tiver a atitude de entrega total a um mestre vivo. Geralmente, para aqueles que permanecem impregnados profundamente da noção de "Eu sou o corpo", a contemplação não-dualística torna-se um tipo de auto-enganação. Essas pessoas dirão: "Porque devo obedecer ou me curvar diante de qualquer um? Eu sou Brahman". Esquecem-se que os outros também são Brahman. Não entendem o espírito dessa notável afirmação. Assim, as ciladas são muitas, e aquele que busca o aspecto sem forma de Deus tem que ser muito cuidadoso.

No *Bhagavad Gita* (Capítulo VI, Verso 34), Arjuna e Sri Krishna têm uma discussão sobre a natureza da mente.

---

[1] *Brahman* é a verdade sem forma e sem atributos. Brahman é considerado a realidade absoluta.

Arjuna diz:

cañcalaṁ hi manaḥ Kṛṣṇa
pramāthi balavad dṛḍham
tasyā 'haṁ nigrahaṁ manye
vāyor iva suduṣkaram

*Oh Krishna, o Senhor está dizendo tantas coisas sobre a equanimidade da mente e sobre disciplinar a mente, mas eu vejo minha mente totalmente inquieta, rebelde e inflexível. Lutat para controlar essa mente é como tentar dominar os ventos. O que eu posso fazer?*

Krishna responde:

asaṁśayaṁ mahābāho
mano durnigrahaṁ calam
abhyāsena tu kaunteya
vairāgyeṇa ca gṛhyate

*Sim, o que você diz é verdade. A mente é inquieta, terrível e inflexível. Reprimir a mente é tão difícil quanto conter o vento, mas através da prática e cultivando o desapego, é possível ter a mente sob controle.*

Com freqüência a mente é comparada a um macaco e, algumas vezes a um macaco bêbado, porque é muito travessa e inquieta. Os filhotes de macaco são especialmente travessos. Imagine que o macaco mais travesso de todos foi mordido por um escorpião. Você pode imaginar como ele ficará irrequieto! Nossa mente é ainda pior. Podemos observar isso quando meditamos. Essa é a melhor ocasião para observar a mente, pois em outros momentos não estamos conscientes do que nossa mente está fazendo. Como experiência, tente sentar-se por dez minutos em silêncio com um caderno e escreva todos os seus pensamentos durante esse tempo. Você ficará surpreso com o que irá descobrir. Nossas idéias são muitas vezes desconexas e dissociadas umas das outras, pulam de um assunto a outro ou de uma pessoa a outra, sem ritmo ou motivo. Sentimos tanta paz durante o sono, quando a mente não está funcionando. É possível atingir essa quietude da mente mesmo quando estamos acordados, se aprendermos a controlá-la e se pensarmos somente o que queremos pensar. A mente tem a capacidade de se concentrar na direção que lhe damos. Para isso, temos que treiná-la. Treinar a mente é muito difícil, mas é possível através da prática constante.

## Prática e desapego

A inquietude da mente nasce principalmente de nossos gostos e aversões, ou predileções. Essas predileções são expressas como apego ou repulsa aos objetos, às pessoas ou às situações. A repulsa é simplesmente a forma negativa do apego. Hoje, nossa mente é como uma pena voando ao léu, levada por correntes de ventos vindas de todas as direções. Para aquietá-la, temos que liberá-la do empurra--empurra dos amores e desafetos.

Mesmo se houver uma turbulência externa em torno de nós, podemos usufruir de muita paz, se a mente estiver livre das perturbações internas. Nossas perturbações internas devem-se principalmente às negatividades de nossa mente. Temos que nos tornar conscientes do fardo de carregar essas tendências ou sentimentos negativos. Somente então, desejaremos nos livrar deles. Em algum momento, temos que superar nossos defeitos e, como as perturbações internas são os empecilhos mais poderosos à paz interior, precisamos vencê--las o quanto antes.

Para obter a libertação das perturbações internas precisamos disciplinar a mente. A prática necessária para conter e controlar a mente é desafiadora no início, pois normalmente queremos dar uma rédea larga à mente. Entretanto, com o tempo, realmente começamos a gostar do processo de disciplina da mente.

Lembro-se de uma famosa história. Na Índia, os chefes de família costumam convidar os *sannyasins* às suas casas para alimentá-los. Isso é considerado um mérito. De acordo com a tradição indiana, uma refeição completa consiste em pratos com seis sabores diferentes, doce, amargo, picante, salgado, apimentado e azedo. Em algumas casas, serve-se também melão de São Caetano com os outros pratos. Os *sannyasins* devem aceitar tanto as coisas doces como as amargas com equanimidade.

Certa feita, um *sannyasin* foi convidado a uma casa em que haviam preparado uma refeição completa. Era uma refeição suntuosa que continha melão de São Caetano. Havia somente uma coisa na vida que esse *sannyasin* odiava – melão de São Caetano. Ele detestava, mas já havia aceitado o convite, tinha ido até a casa e devia respeitar a tradição. Não podia dizer: "Eu não gosto de melão amargo." Deveria gostar igualmente de todos os tipos de comida. Assim, pensou: "Há outros pratos deliciosos aqui, então vou comer o melão amargo primeiro. Após terminar, posso relaxar e apreciar os outros pratos. Não quero comer o melão amargo com as outras comidas e estragar o sabor." Dessa forma, ele comeu logo o legume.

A dona da casa o observava enquanto comia e, assim que ele acabou de comer o melão, ela o serviu com outra concha grande do vegetal. O *sannyasin* pensou: "Oh, não! Eu acho que hoje é meu dia de azar." Com muita dificuldade terminou comendo o segundo prato. Ele se amaldiçoava por ter visitado aquela casa. Se tivesse sabido que preparariam o melão, teria dito a eles que estava jejuando naquele dia, mas era tarde demais. O sofrimento do *sannyasin* não terminou ali. A mulher, que àquela altura estava convencida que o monge gostava muito do legume, colocou mais uma concha no prato dele. Você pode imaginar a situação do *sannyasin*! Amaldiçoando sua estrela, conseguiu terminar a refeição, jurando em pensamento nunca mais voltar àquela casa.

A anfitriã imediatamente telefonou para a casa seguinte onde o monge deveria ir para a *bhiksha* noturna (esmola), contando que ele adorava melão de São Caetano. Ela lhes sugeriu cozinhar alguns pratos especiais de caril com o legume quando o monge os visitasse para o *bhiksha*. A partir daí, a notícia se espalhou e todos preparavam melão de São Caetano sempre que convidavam esse *sannyasin*. Finalmente, ele acabou ficando tão acostumado, que começou a gostar do legume, mesmo tendo tido tamanha aversão no início.

Da mesma forma, se continuarmos a comer o melão amargo da prática de conter a mente, iremos apreciá-lo cada vez mais.

# A força espiritual

De forma geral, há três aspectos de nosso ser que determinam como lidamos com o mundo, com as outras pessoas e com as diferentes experiências da vida. São os nossos aspectos: físico, emocional (mental) e intelectual. Há também um outro – nosso aspecto espiritual. Para a maioria de nós, o aspecto espiritual permanece em estado de dormência, porque na maior parte do tempo nos concentramos nos primeiros três aspectos de nosso ser.

Se nos concentrarmos somente nesses três aspectos, estaremos sujeitos a uma montanha russa de emoções e desejos. Desejamos muitas coisas no mundo e temos inúmeras necessidades. Algumas dessas necessidades e desejos estão além de nossos recursos e capacidade e nunca são atendidas. Como resultado dessa deficiência, sentimo-nos desapontados, frustrados e rejeitados. Nossa frustração pode aumentar até que finalmente perdemos toda a força mental. Uma pessoa mentalmente fraca não será capaz de enfrentar até mesmo pequenos desafios na vida. Simplesmente um incidente sem importância pode ser suficiente para perturbá-la. A Amma diz: "Mesmo uma pequena formiga pode aborrecer esse tipo de pessoa."

Uma vez, um amigo meu comprou uma casa nova. Alguns dias após ter se mudado, ele viu algumas formigas na cozinha. Isso o aborreceu um pouco porque era uma casa totalmente nova. Perguntou-se de onde viriam as formigas. Para piorar os problemas, em pouco tempo, centenas de formigas estavam circulando pela cozinha. Ele já estava ficando muito aborrecido, coçando a cabeça e se perguntando o que fazer com aquele problema. Foi até uma loja próxima para comprar um inseticida. Infelizmente, o único frasco de inseticida disponível estava um pouco estragado. Ele pediu um desconto porque o frasco estava danificado, mas o lojista recusou. O homem começou a brigar pelo desconto.

Ele já estava extremamente aborrecido com as formigas na cozinha e agora estava ficando ainda mais chateado por causa da discussão com o vendedor. Continuaram a discutir até que quase partiram para a violência física. Acabaram sendo levados ao tribunal para solucionar a controvérsia. Tudo isso aconteceu somente por causa de algumas formigas!

A Amma diz que até alguns séculos atrás, as pessoas tinham mentes muito fortes, não eram perturbados mentalmente. Com o passar do tempo, as pessoas pararam de ser fiéis ao *dharma* e seus valores lentamente se deterioraram. Com isso, as pessoas se tornaram mais mesquinhas e mais egoístas. Ficaram mentalmente fracas por causa da falta de disciplina e discernimento. Já não sabiam mais como enfrentar várias situações na vida. Suas mentes se tornaram tensas e agitadas e começaram a ter muita tensão. Hoje em dia, um incontável número de pessoas é assim perturbada e até mesmo neurótica.

Além de tratamento psiquiátrico, a única solução para isso é despertar espiritualmente. Esse despertar irá equilibrar os aspectos físico, emocional e intelectual dentro de nós, e assim poderemos viver em harmonia. Na presença de uma grande alma como a Amma, é fácil para nós manifestarmos nosso potencial espiritual. Depois disso, nossas mentes se tornarão fortes e sutis e poderemos olhar para nossas vidas com uma clareza muito maior.

Gostaria de narrar um incidente da vida da Amma, que mostra o tipo de força espiritual que Ela tinha mesmo quando era uma menina.

Como a Amma passava muito tempo lavando roupa, limpando, lavando as vacas, carregando água etc., na maior parte do tempo Suas roupas ficavam molhadas. Um dia, Seu vestido estava totalmente encharcado e ela tomou emprestado o vestido da irmã. Quando Sua mãe, Damayanti, viu isso, zangou-se e gritou com Ela, dizendo: "Você não merece usar roupas tão boas! Como se atreve a usar esse vestido?" Dizendo isso, Damayanti agarrou o vestido das mãos da Amma e saiu, obrigando-A a vestir roupas velhas.

Podemos apenas imaginar como nos sentiríamos se estivéssemos nessa situação. Mas a Amma não ficou triste e pensou: "Talvez Deus não queira que eu use aquele vestido, então, de agora em diante, não vou mais usar roupa boa ou nova alguma, exceto se Deus a trouxer para mim. Até lá, continuarei a usar somente roupas velhas que tenham sido descartadas pelos outros."

Daquele dia em diante, a Amma passou a usar somente roupas que as pessoas da Sua família não queriam mais. Um dia, a Amma estava vestindo uma blusa usada e velha que tinha uma estampa colorida. Seu irmão mais velho não gostou e ralhou com Ela, acusando-A de usar uma blusa colorida somente para atrair a atenção dos jovens rapazes. Ele A ordenou que tirasse a blusa e jogou-a no fogo bem na Sua frente. A Amma não ficou zangada ou triste porque pensou que devia ser a vontade de Deus. Daquele dia em diante, passou a vestir somente roupas brancas.

Em contraste com as vidas de Buda, Krishna e Rama, que tiveram uma criação na realeza ou aristocrática, as condições da infância da Amma eram miseráveis, mas por Sua atitude de entrega a Deus, Ela não se sujeitou às circunstâncias. Ela também não se afeta com Seu status atual de líder espiritual internacionalmente aclamada. A Amma tem sido sempre um exemplo perfeito de simplicidade e humildade e está sempre facilmente disponível e acessível. Mesmo agora que é reconhecida em todo o mundo, Ela não tem de forma alguma uma vida luxuosa. Ela pega o mínimo para Si e dá o máximo às pessoas que necessitam de Sua ajuda, orientação, bênçãos e graça.

## Três formas do despertar espiritual

A Amma está plenamente estabelecida na consciência divina. Como o potencial espiritual dentro dela está completamente manifestado, nosso próprio despertar espiritual ocorre mais facilmente em Sua presença. Seu simples toque, olhar ou pensamento pode despertar--nos espiritualmente. Por Sua simples vontade, Ela pode despertar nosso potencial espiritual. As escrituras citam esse fenômeno: um verdadeiro mestre pode despertar espiritualmente qualquer um pelo toque, olhar ou pensamento.

Curiosamente, há uma lenda sobre como uma galinha, um peixe e uma tartaruga chocam seus ovos. Uma galinha choca os ovos sentando sobre eles; os ovos chocam pelo calor produzido pelo toque constante do corpo da ave. De forma similar, a Amma pode despertar em nós o potencial espiritual simplesmente tocando-nos. Vivendo constantemente na companhia de um Mestre, o calor da disciplina lentamente desenvolve e purifica a mente, fazendo com que a casca do ego se quebre para que o Eu Superior possa surgir.

Segundo uma crença indiana tradicional, um peixe desova as ovas e, em seguida, fita-as atentamente. Os ovos se chocam pela intensidade do olhar do peixe. Cada um dos olhares da Amma ajuda a despertar o potencial espiritual dentro de nós. Como os botões de lótus quando os raios do sol pousam sobre eles, nossos corações fechados se abrem quando o olhar da Amma se dirige para nós.

A tartaruga põe seus ovos na praia, volta para a água e pensa neles. De acordo com a lenda, os ovos serão chocados pela intensidade dos pensamentos da tartaruga. Da mesma forma, a Amma pode despertar nosso potencial espiritual com Seu *sankalpa*. Assim como um dispositivo de controle remoto pode controlar muitas máquinas, as ondas do pensamento da Amma podem controlar os acontecimentos de nossas vidas se sintonizarmos nossos corações com o dela.

Sem nem mesmo termos consciência disso, a Amma soluciona muitos de nossos *prarabdha karmas* e nossas tendências inatas. Como uma pipa que sobe quando há um vento bom e mãos sábias controlando as linhas, podemos voar aos céus da espiritualidade quando nossas práticas espirituais são multiplicadas pelas bênçãos e pela graça de um grande Mestre como a Amma.

# Os benefícios de atingir o estado de Yoga

A capacidade de reconhecer os efeitos nocivos de uma ação ou hábito pode nos motivar a superar aquele hábito negativo. Da mesma forma, a capacidade de reconhecer os efeitos benéficos de uma ação nos motivará a cultivar o hábito das ações positivas. A maior meta é atingir o estado de Yoga. Esse estado é a união final com Deus ou com a Verdade. Há muitos benefícios em se alcançar esse estado.

## Quietude da mente

A mente de uma pessoa que alcança o estado de Yoga é tranqüila, centrada e livre de hesitações. Essa tranqüilidade não resulta da satisfação dos desejos. Se assim fosse, a tranqüilidade seria efêmera, porque quando um desejo é realizado, surge outro. Se, por sua vez, aquele desejo não for realizado, perdemos a tranqüilidade. A quietude real é resultado de uma prática constante da meditação. Aquele que alcançou esse estado de Yoga é capaz de manter a quietude da mente, não obstante suas atividades e responsabilidades. Observe a Amma. Ela dirige um grande número de instituições e dá orientação pessoal a milhões de pessoas sem mesmo tirar férias. Quando é necessário, Ela demonstra emoções diferentes, mas na profundidade de Sua mente há sempre calma. Isso pode ser comprado às ondas na superfície do oceano; em seu fundo há somente quietude. A quietude da mente é uma característica do estado de Yoga.

## Ver o Eu Superior em si mesmo

Os que estão estabelecidos em Yoga vêem o Eu Superior em si mesmos e nunca o perdem de vista. Essas pessoas vêem o Eu Superior também nos outros seres. No nosso atual estado de consciência, pensamos que somos separados do mundo e das pessoas em torno de nós. Amamos algumas pessoas, não gostamos de outras e não temos nenhum sentimento em particular por outros. Um *yogi* (pessoa que alcançou o estado final do Yoga) é aquele que não considera ninguém como diferente de si mesmo na essência. Alguém que não tem apego ou aversão a ninguém ou a nada em particular e alguém que ama a cada um e a todos igualmente. Uma pessoa pode ser má, zangada, impaciente ou perversa. Todas essas diferenças estão no nível da mente. A alma é sempre pura e não é diferente daquela de um sábio ou um santo. A consciência não é maculada por nenhuma de nossas qualidades ou ações.

Se posso dizer que minha mente é clara ou confusa, isso significa que há algo além da minha mente que testemunha a sua condição. E o que é essa testemunha? É o Atman, ou o Ser Superior, que está além da mente. Essa consciência tem ciência de tudo, mas não é afetada por nada. Só porque minha mente está confusa, isso não significa que minha consciência tornou-se confusa. É como uma tela. Você pode passar um filme bom ou vulgar na tela. Ela se afeta com isso? Não, mas sem uma tela o filme não pode ser visto. Portanto, sem a consciência, a mente não pode funcionar. A natureza da mente não afeta a consciência, assim como o filme não afeta a tela.

Essa consciência pura sem limitações é o que chamamos de Eu Superior ou Atman. Após alcançarmos o Eu Superior que permeia tudo, que é onisciente e onipotente, veremos somente o Eu Supremo em todos os lugares e em tudo. Não precisaremos de nada para estar satisfeitos, porque estaremos plenos em nosso próprio Eu Superior.

## A experiência da bem-aventurança

Uma pessoa estabelecida em Yoga vivencia a bem-aventurança infinita. Todos nós conhecemos a felicidade e a infelicidade. A felicidade é um estado de espírito que depende de objetos, circunstâncias ou de outras pessoas.

Quando há felicidade, há também invariavelmente a possibilidade da infelicidade. Se ficamos felizes quando conseguimos algo, ficamos infelizes quando perdermos a mesma coisa. Se nossa felicidade depender do amor de uma pessoa, temos certeza de que seremos infelizes se aquela pessoa deixar de nos amar. A bem-aventurança está além do par de opostos; ela não tem um oposto.

A bem-aventurança é a natureza do Eu Superior, ele não depende de nenhum objeto ou situação externa.

A felicidade e a infelicidade pertencem à mente, mas a bem-aventurança está além dela; vêm do conhecimento de que: "Eu sou a natureza da bem-aventurança."

Algumas vezes, a Amma ri continuamente durante horas e outras vezes chora. Uma vez, eu A vi chorando assim e perguntei: "Amma, porque a Senhora está chorando? Alguma coisa A está incomodando? Porque a Senhora está triste?"

Ela respondeu: "Quem disse que Eu estou triste?" Ela somente estava sentindo a bem-aventurança – expressada através de Suas lágrimas. Uma pessoa que tenha se estabelecido no Eu Superior experimentará a bem-aventurança o tempo todo, esteja onde estiver.

yogarato vā bhogarato vā
sangarato vā sañgavihīnah
yasya brahmani ramate cittaṁ
nandati nandati nandatyeva

*Imerso em Yoga (união espiritual) ou em bhoga (satisfação externa), em companhia ou em solidão, aquele cuja mente deleita-se em Brahman goza da bem-aventurança.*

Bhaja Govindam, Verso 19

## Permanecer na realidade absoluta

Uma pessoa estabelecida em Yoga permanece na realidade absoluta. Segundo a filosofia do Vedanta, há três tipos de realidade, que são conhecidos como: realidade aparente (*pratibhasika satta*), realidade relativa (*vyavaharika satta*) e realidade absoluta (*paramartika satta*).

Eu vejo uma corda na penumbra e me engano pensando que é uma cobra. Essa é a realidade aparente para mim. Uma outra pessoa vê a mesma corda e acha que é uma guirlanda. Essa é a realidade aparente para aquela pessoa. Esses pontos de vista pessoais, relativos à aparência dos objetos mas que na verdade não têm nada a ver com os próprios objetos são todos classificados como realidade aparente. Os sonhos também estão nessa categoria. Ver uma corda como uma corda é o que chamamos de realidade relativa. Todos aqueles cuja visão não é distorcida concordarão que é uma corda e não uma cobra. Não terão medo da corda e não fugirão dela; nem tentarão decorar o pescoço de alguém com ela. Usarão a corda para amarrar algo. O mundo visto da forma correta, como a ciência e a tecnologia o descrevem é conhecido como realidade relativa. A realidade relativa é assim chamada porque, em sua forma atual, não irá durar para sempre - está sujeita a mudanças. Todos os objetos relativos estão sujeitos a seis formas de mudança: nascimento, crescimento, existência, transformação, decadência e morte. Todos os nossos relacionamentos mundanos, posições e posses estão no âmbito da realidade relativa.

A terceira realidade é a Verdade absoluta, que não sofre nenhuma mudança no passado, no presente ou no futuro. O Eu Superior ou Atman que permeia toda a Criação é a única realidade absoluta. Permanecer na realidade absoluta significa perceber que "Eu sou uno com o Ser Superior."

## A conquista infinita

Não há nada que possa ser comparado à realização do Eu Superior. Sobre isso, as escrituras dizem: "Ao se alcançar o Ser Superior, não há nada mais para ser alcançado." Por essa razão a realização é chamada de "conquista infinita". Os Mestres Auto-Realizados não desejam nada; já conquistaram o que havia para ser conquistado. Para essas pessoas, não há nenhuma conquista que possa ser considerada superior.

Uma vez alcançado esse estado de Yoga, não seremos afetados por nenhum tipo de sofrimento. Todas as tristezas e sofrimentos pertencem ao mundo da dualidade. Em outras palavras, as tristezas e sofrimentos pertencem ao corpo e à mente. Uma pessoa estabelecida no Eu Superior sabe claramente que é o Eu Superior puro e não o corpo, a mente ou intelecto. Essa pessoa vai além de todos os pares de opostos, como a dor e o prazer, a tristeza e a felicidade, gostos e aversões.

No *Bhagavad Gita*, Sri Krishna dá uma definição excepcional de Yoga, quando diz: "A dissociação da associação com o sofrimento é Yoga". A palavra Yoga deriva da base *"yuj"* e tem dois significados. Um deles é "conectar ou unir duas coisas". Assim, quando duas coisas se unem, isso é Yoga. O segundo significado é "controlar, reter, dominar". No primeiro sentido, Yoga é a união da mente com o Ser Superior. No segundo sentido, é o controle ou retenção da mente da associação com a dor e o sofrimento.

É da natureza de uma mente não treinada fazer sempre associações com a dor e o sofrimento. Raramente pensamos sobre como somos felizes ou bem-sucedidos. Até mesmo os bilionários têm sua parcela de preocupações e sofrimentos. Quando suas mentes estão fixadas nas coisas negativas, esquecem-se que são bilionários. Há tantas coisas boas na vida. Temos que treinar nossas mentes de forma consciente e deliberada para ficar sempre do lado positivo da vida. Uma pessoa estabelecida no estado de Yoga não se identifica com a dor ou com o sofrimento.

Aquele que se estabeleceu no Yoga pode também transcender a dor física. Podemos ver a Amma dando *darshan* continuamente para qualquer quantidade de pessoas independente de Seu corpo dolorido ou de qualquer outro problema de saúde. Mesmo quando a enésima pessoa se ajoelha em cima de Seus pés, coloca todo o peso do corpo em cima dela ou bate em Seu queixo com a cabeça ao se curvar para narrar algum infortúnio pessoal, o doce sorriso da Amma e suas palavras misericordiosas nunca param. A Amma, de forma consciente, dissocia Sua mente da dor e do sofrimento do corpo.

Da mesma forma que damos importância a nossa comida, ao nosso sono, à família e a outras coisas na vida, devemos dar pelo menos uma importância igual, senão maior, a nossas práticas espirituais. A Amma sempre diz que a meditação é como ouro. Mesmo que você só possa meditar por dez minutos, isso é precioso. Até mesmo um único momento dedicado à meditação não é desperdiçado. Aqueles que já executam práticas espirituais podem aumentar a duração ou praticar com mais intensidade, mais determinação. Essa é a única forma de obtermos a força da mente e de prosseguir em direção à nossa meta. Comprometemos-nos com muitas coisas na vida que puxam nossa mente para baixo. Para elevar a mente, devemos ter algum tipo de prática espiritual, como *japa*, meditação, escutar ou cantar *bhajans*, freqüentar *satsangs* (encontros ou conversas espirituais) ou ler livros espiritualistas. Todas essas práticas nos dão inspiração e nos ajudam a manter uma lembrança constante de Deus. Com um *satguru* como a Amma, é possível para qualquer um de nós alcançar o estado de Yoga. Que a Amma possa abençoar a todos nós para que alcancemos esse estado supremo.

# Capítulo 11

# Cumprir o dever

## A responsabilidade mantém a harmonia

Os físicos modernos dizem que, pela lei da entropia, o Universo se move em direção ao caos, enquanto as escrituras hindus dizem que há uma harmonia preestabelecida no Universo e que a evolução é um avanço na direção da ordem universal e da harmonia. Todos os seres vivos têm um papel na manutenção dessa harmonia, que é conhecida por nomes diferentes, como *logos*, *dharma* ou o *Tao*. Os animais e as plantas não perturbam essa harmonia, porque vivem segundo seus instintos (natureza inata). Por outro lado, os seres humanos, com sua liberdade de escolha, podem contribuir para essa harmonia ou perturbá-la.

Um *satguru* como a Amma trabalha para restaurar o *dharma* perdido e a harmonia o Universo. Tudo aquilo que o *satguru* faz somente contribuirá à harmonia na Criação. Assim, tudo o que faz é certo, mesmo que possa nos parecer o contrário.

A Amma diz que cada um de nós tem um dever dependendo de nosso papel na sociedade. Se não cumprirmos esse dever da forma adequada, o resultado será caos e confusão. Se um médico não cumprir a sua responsabilidade, os pacientes sofrerão. Se um policial não cumprir bem seu papel, a taxa de criminalidade aumentará. Da mesma forma, se os membros de uma família se recusarem a desempenhar bem as funções de cada um, haverá desarmonia na família.

A Amma dá os seguintes exemplos: podemos ser um chefe de família com marido ou esposa e filhos. Quando cumprimos nossos deveres com os membros da nossa família, amando-os e cuidando deles, cumprindo todas as nossas responsabilidades com cada um de forma sincera, estamos em sintonia com a sinfonia da Criação e haverá harmonia na família. Uma família é uma pequena unidade nessa Criação. Igualmente, há milhões de famílias no Universo. Quando todos os membros da família desempenham suas funções adequadamente, há harmonia. O mesmo ocorre com os políticos, empresários, operários, militares ou monges, cada pessoa tem um papel único para desempenhar nessa orquestra. Quando todos executam sua tarefa, não há distúrbio na harmonia da Criação.

Para manter o *dharma*, cada um na sociedade deve ter essa atitude. Se um político estiver ajudando e servindo ao povo com sinceridade, estará contribuindo à harmonia. Se um empresário fizer seu trabalho sem trapacear, tirando somente os lucros razoáveis ou ainda se um médico tratar os pacientes com amor e compaixão, eles, de fato, estarão adorando a Deus, mesmo que não estejam fazendo nada que possa ser chamado de espiritual ou religioso. Mas quando um político explora o povo, ou quando um médico cobra honorários exorbitantes, isso cria uma desarmonia, isso se opõe ao *dharma*.

A Amma diz que quando você cumpre seu papel de acordo com sua responsabilidade ou *dharma* está naturalmente contribuindo para a harmonia do Universo. Cada pessoa é como um raio ou uma engrenagem na roda da Criação. Se apenas um raio ou engrenagem quebrar ou for danificado, afetará o movimento da roda. Como o Universo é tão vasto, podemos não sentir ou não ter consciência disso. Entretanto, em uma pequena unidade, podemos sentir a desarmonia. Por exemplo, quando colocamos uma colher de sal em uma xícara, percebemos o gosto salgado. Se pusermos a mesma quantidade de sal num balde grande de água, não perceberemos o sal. Isso não significa que não há sal na água; simplesmente não conseguimos percebê-lo.

Assim, ao cumprir meu dever, estou contribuindo para a harmonia e o bem-estar do mundo. Quando não cumpro meu dever, estou gerando desarmonia, que é a causa da dor e sofrimento nesse mundo. Quando perturbo a harmonia, é como ir contra Deus. Quando contribuo à harmonia, é uma forma de adoração a Deus.

Quer gostemos ou não, temos que cumprir nossas tarefas e responsabilidades sem apego ou aversão. Essa é a parte difícil e nós, freqüentemente, precisamos da ajuda de um *guru* para conseguirmos isso.

Gostaria de relatar um incidente com um devoto ocidental que visitou o *ashram*. Esse homem gentil e silencioso tinha um profundo amor pela Amma. Naquela época, quando havia algum *seva* no *ashram* do qual a Amma iria participar, um sino soava indicando que Ela estaria fora de Seu quarto, e todos podiam se juntar a Ela. Não havia programação para esse tipo de *seva*. Sempre que havia uma necessidade ou emergência, a Amma assumia a liderança na finalização da tarefa, e os outros alegremente se uniam a Ela, fosse dia ou noite, sol ou chuva. Muitos residentes amavam ajudá-La no *seva* à noite, porque quando o trabalho terminava, a Amma preparava café e amendoins torrados para distribuir aos residentes. No final, Ela reunia todos em torno dela, contava histórias, brincava e dava o *satsang*.

Na primeira noite do rapaz ocidental no *ashram*, o sino do *seva* soou a uma da manhã. Ele não se apresentou para o trabalho, e ficou aborrecido por ter sido perturbado com o som do sino e todo o corre-corre enquanto dormia, em uma hora inadequada. Na manhã seguinte, estava sentado com uma cara aborrecida durante o *darshan* da Amma. Reclamou com Ela sobre a dificuldade de ter uma boa noite de sono se o sino soava e as pessoas deviam se levantar no meio da noite. Daquele dia em diante, ele começou a dormir com tampões nos ouvidos.

Após ver todos fazendo *seva* por alguns dias, ele também quis ajudar de alguma forma e optou por um *seva* regular. A tarefa que recebeu foi trabalhar na cozinha, a área mais barulhenta do *ashram*.

Esse homem, que preferia o silêncio tanto de dia como de noite, ficou surpreendido com a idéia de trabalhar em um local tão agitado, mas estava determinado a agradar à Amma com esse serviço e se apresentou para o trabalho. Nos primeiros dias, achou muito difícil suportar o barulho e a multidão. Após um tempo, sua preferência pelo silêncio externo diminuiu e ele acabou não se importando mais com o barulho. Finalmente, chegou o dia em que disse brincando que, se não houvesse nenhum ruído durante a noite, ele não poderia dormir! Seu amor pela Amma e a adesão ao trabalho ajudaram-no a superar suas preferências e aversões. Pela primeira vez, ele pôde experimentar o silêncio interior, que não é afetado por barulhos ou ruídos externos. Antes ele não podia dormir se escutasse qualquer barulho e depois conseguia adormecer no meio do ruído alto da mesma forma tranqüila que em uma silenciosa caverna do Himalaia.

Portanto, cumprir o dever é muito importante, e é por essa razão que o guru nos atribui tarefas específicas. Quando um médico acostumado a trabalhar em um ambiente estéril com extrema higiene chega ao *ashram*, talvez seja convidado a trabalhar no estábulo. No início, pode não gostar, mas após algum tempo, essa aversão desaparecerá, e a pessoa poderá começar a amar a tarefa. Aí então, a Amma pode colocar o médico novamente para trabalhar no hospital. Nesse estágio, ele poderá olhar os pacientes pobres, sujos e maltrapilhos, com empatia no coração. Esse tipo de treinamento não poderá ser encontrado em nenhuma faculdade de medicina.

Quando chegou ao *ashram*, um dos *brahmacharins*, que era uma pessoa com boa qualificação acadêmica, recebeu a tarefa de cuidar das vacas. Ele protestou com a Amma, dizendo que tinha ido até ali para práticas espirituais e para aprender as escrituras. Disse também que não vindo para desperdiçar a vida cuidando de vacas.

Cerca de um mês depois, um grande acadêmico chegou ao *ashram*. Alguns de nós lhe pedimos para que nos desse aulas sobre o *Srimad Bhagavatam*. Um dia, quando estava narrando uma passagem, falou sobre cuidar das vacas, os animais favoritos de Sri Krishna. A passagem dizia que cuidar de uma vaca é um *seva* sagrado e se iguala a servir ao próprio Krishna. Na tradição hindu, a vaca é considerada um animal sagrado, e quem recusar a oportunidade de cuidar das vacas estará desperdiçando uma maravilhosa oportunidade de receber a graça do Senhor. O *brahmacharin* que havia se recusado a fazer o *seva* no estábulo escutou a passagem, percebeu o erro e disse à Amma que adoraria fazer o *seva*.

No entanto, àquela altura, a Amma tinha outros planos para esse *brahmacharin*, e lhe pediu para fazer *seva* na cozinha. Ele também não gostou disso, mas finalmente arrependeu-se e começou a limpar os banheiros para compensar o comportamento anterior recalcitrante.

Não importa como nos sentimos sobre a tarefa que recebemos, devemos realizá-la sem falhas. Não devemos tentar encontrar alguma desculpa para não cumprir nossa responsabilidade. A questão se gostamos ou não depende de nossas preferências, mas se fizermos como nosso dever, pouco a pouco, poderemos superar nossos gostos e aversões. É por isso que a Amma, às vezes, nos dá um trabalho que não gostamos de fazer. De alguma forma, cedo ou tarde, teremos que superar nossos gostos e aversões. Se nos apegarmos a eles haverá sempre perturbações em nossas mentes. Essas inquietações são prejudiciais aos aspirantes espirituais porque a confusão interior afeta a meditação e concentração durante as práticas espirituais. Para uma pessoa comum, essas oscilações mentais podem não representar um problema, se essa pessoa não estiver seguindo uma prática espiritual. Ela pode nem ter consciência das perturbações, a menos que desenvolva problemas psicológicos.

O mundo nunca será conforme ao nosso desejo. Precisamos aprender a gostar do mundo como ele é. Somente assim poderemos experimentar a paz mental. Caso contrário, não importa a riqueza ou o poder que tenhamos, ainda assim teremos razões para sermos tristes, tensos e agitados. O propósito básico da meditação e das outras práticas espirituais é nos levar a transcender toda a negatividade e agitação da mente e nos permitir experienciar a paz interior. Seja o que for que a Amma nos peça é apenas para nos ajudar a superar nossa negatividade, para que possamos experienciar e desfrutar da paz interior.

# O poder dos hábitos

Muitos de nós nos sentimos inspirados a cultivar bons hábitos na presença da Amma, pelo exemplo que Ela dá. Até mesmo as crianças pequenas sentem-se inspiradas. O fato triste é que a maioria de nós é incapaz de manter essa inspiração. Assim que nos afastamos da presença física da Amma, tendemos a voltar à nossa velha forma de vida, porque achamos difícil cultivar bons hábitos, e muito fácil adquirir os maus. De modo oposto, é muito fácil abandonar os bons hábitos e muito difícil abrir mão dos maus. Então devemos praticar deliberadamente a mudanças de nossos hábitos, até que a prática se torne espontânea e natural e que as boas qualidades se tornem algo permanente. Após adquirirmos um bom hábito e o tornarmos parte de nosso caráter por meio da prática sincera, é muito difícil abandoná-lo.

A importância de cultivar bons hábitos pode ser compreendida pela maneira como eles afetam a mente. Todas as nossas práticas espirituais são feitas com o propósito de acalmar a mente, de forma que possamos alcançar o autoconhecimento. Assim como a Lua reflete-se nas águas calmas do lago, o Eu Superior é revelado quando a mente está calma e quieta. É por isso que se dá tanta importância à pureza da mente. Quando cultivamos bons hábitos, nos sentimos sufocados se não podemos praticá-los.

A Amma diz que cultivar hábitos bons e positivos é muito importante porque os costumes negativos como impaciência, inveja, julgar e reclamar dos outros nos impedirão de experimentar a paz mental.

A mente assimila esses padrões, especialmente os negativos e desnecessários, e se modela de acordo com eles. Não é possível mudar todos esses hábitos em um ano ou dois. O poder do hábito é tão grande que é necessário um grande esforço para colocar a mente no caminho certo.

A Amma conta uma história que ilustra o poder dos hábitos. Um homem pobre disse a um *sannyasin*: "Sou um homem muito pobre. Por favor, ajude-me a enriquecer." O *sannyasin* o abençoou e lhe contou sobre uma praia onde ele poderia encontrar pedras preciosas. "Você pode vendê-las e ganhar muito dinheiro", disse-lhe. "O problema é que é difícil perceber a diferença entre uma gema e uma pedra comum. Todas se parecem e estão espalhadas pela praia. Você deve ter cuidado. Se segurar uma dessas pedras preciosas na mão sentirá um calor. Somente se sentir o calor poderá ter certeza de que é uma gema." O pobre homem foi imediatamente para a praia e começou a trabalhar. Recolhia uma pedra após outra e as testava. Ocorreu-lhe que se as devolvesse ao chão após tê-las rejeitado, elas se misturariam com as outras e não conseguiria saber quais pedras já havia testado. Assim, após pegar cada pedra, se não fosse quente ele a jogava no oceano.

Dia após dia, o homem continuou a procurar pela praia. Muito tempo se passou até que, um dia, pegou uma pedra e percebeu que estava quente. Ficou exultante por encontrar finalmente uma pedra preciosa. Apesar disso, mesmo sentindo o calor da pedra, por causa do hábito, ele a jogou no mar!

Essa história nos mostra como somos dominados por nossos hábitos. É por isso que a Amma diz que devemos cultivar hábitos positivos. Com isso, podemos reduzir a força dos costumes negativos. Quando um hábito perde a força, é fácil dominá-lo e removê-lo. No início, talvez não gostemos do novo costume positivo e tenhamos que nos esforçar mais, mas não devemos desistir. Mas quando começarmos a praticar, a própria prática nos dará força, independentemente se gostamos ou não. É por isso que a Amma diz: "Procure recitar seu mantra, ler livros espirituais, meditar, escutar *bhajans* e participar de *satsangs*." A prática espiritual não significa somente meditação, há outras opções. Essas atividades nos ajudam a cultivar boas qualidades e a nos concentrarmos continuamente em Deus.

Posso estar fazendo algo inútil para mim, mas ainda assim continuo porque se tornou um hábito. Fumar era um hábito muito mais comum antes de as pessoas descobrirem que causa câncer. Agora a advertência da saúde pública está em todos os maços de cigarro dizendo: "Fumar faz mal à saúde." Por isso muitas pessoas deixaram de fumar. Mesmo as pessoas que fumavam muitos maços por dia puderam parar porque agora têm consciência dos perigos do cigarro.

Da mesma forma, quando tomamos consciência do dano ou da futilidade de algo que estamos fazendo, encontramos força para mudar nosso comportamento.

## Sete votos em uma semana

Fazer uma promessa é um grande desafio na vida, um desafio à nossa inércia, nossa preguiça e procrastinação. Uma promessa é como um cabresto para o cavalo selvagem e indomado de nossa mente. Se pudermos manter o cavalo sob controle, montá-lo não será apenas prazeroso, mas também nos levará ao nosso destino muito mais rápido do que andar. Por outro lado, se montarmos um cavalo selvagem indomado, será apavorante e com certeza resultará em um desastre ou mesmo em morte.

Lembro-me de um ditado famoso: "Semeie um pensamento, colha uma ação; semeie uma ação, colha um hábito; semeie um hábito, colha um caráter." Qualquer rotina repetida por um período de tempo torna-se um hábito, e os hábitos formam nossa personalidade. O caráter de uma pessoa é a pedra fundamental do sucesso na vida. Entretanto, todos nós sabemos que é impossível desenvolver todas as boas qualidades do dia para a noite. A única opção prática é cultivar algumas boas qualidades por vez, no decorrer de um período mais longo, para que elas se tornem nossa segunda natureza. Da mesma forma que o banho diário mantém o corpo limpo e saudável, os votos nos ajudam a manter nossa mente limpa da sujeira da inveja, do ódio, da raiva, da impaciência etc.

Temos aqui sete votos, oferecidos como os fundamentos da vida espiritual, baseados nos ensinamentos da Amma e que podem ser praticados um por vez, um a cada dia da semana. A ordem na qual praticamos não importa, simplesmente escolha um dia da semana para cada voto. Da mesma forma que o leite puro despejado em um recipiente contaminado azeda, a graça de Deus quando se derrama sobre uma mente impura não traz benefício. Esses votos nos ajudam a purificar a mente e a mantê-la sob controle. Uma qualidade desses votos é que as vantagens de observá-los podem ser vistas sem esperar por um longo tempo. Tome uma resolução firme de viver um voto por dia. Se, por acaso, um voto não puder ser realizado em um determinado dia, tente aplicá-lo no mesmo dia da semana seguinte. A Amma diz: "Praticar boas qualidades também é parte da adoração. A espiritualidade sem prática é como tentar morar na planta-baixa de uma casa."

*Voto do primeiro dia:*

Diminua a raiva. Todos nós sabemos que a raiva é prejudicial. Ainda assim, quantos de nós podemos viver cumprindo o voto: "Eu nunca mais me zangarei pelo resto da minha vida?" Isso seria muito difícil. Para começar, se tomarmos uma decisão firme de controlar a raiva e a tendência de culpar ou falar mal dos outros somente por apenas um dia por semana, é possível fazê-lo. Ao menos naquele dia, estaremos criando uma atmosfera maravilhosa em nosso lar e em nosso local de trabalho.

*Voto do segundo dia:*

Acrescente um sorriso. Não leva muito tempo para conseguir lindas reações nos outros se decidirmos dizer o que for com um sorriso. Mais uma vez, somente um dia por semana, para começar. Mesmo quando a situação exigir que nós gritemos, repreendamos ou incomodemos alguém, faremos isso com um sorriso durante aquele dia, e logo veremos que mundo diferente isso cria. É preciso mais coordenação dos músculos faciais para fazer uma careta do que para sorrir. Para sorrir precisamos somente da ajuda de alguns músculos. Além disso, um sorriso também aumenta o valor do nosso rosto!

*Voto do terceiro dia:*

Faça alguma prática spiritual formal. A Amma garante que, em qualquer casa em que os 1.000 nomes de Devi (a Deusa) forem repetidos todos os dias com devoção, A Divina Mãe irá sempre conceder pelo menos o mínimo necessário de alimentos e vestimentas. Um iniciante que considere o canto diário dos mil nomes em sânscrito difícil demais pode tentar usar pelo menos uma hora nos finais de semana recordando-se de Deus: cantando, recitando o *mantra japa*, fazendo *puja*, meditando, entoando *bhajans* etc.

*Voto do quarto dia:*

Não ceda a um mau hábito. Um fumante ou alguém viciado em drogas ou em bebidas pode achar difícil abandonar completamente o mau hábito, apesar do grande esforço. Tente abster-se desse hábito às quintas-feiras, por exemplo, como reverência ao guru, já que a quinta-feira é considerada o dia do guru. Lentamente, à medida que obtiver mais controle sobre a mente, ficará mais fácil se livrar de qualquer mau hábito enraizado quando quiser. Embora você possa estar livre de hábitos que causam dependência como fumar, beber ou usar drogas, você pode treinar a mente abstendo-se apenas um dia por semana de qualquer outro item ao qual esteja apegado. Os apegos podem incluir uma comida favorita ou um programa de televisão. A Amma diz que a espiritualidade é a capacidade de parar o fluxo da mente a qualquer momento, por escolha própria, como quando freamos um carro novo e bem feito.

*Voto do quinto dia:*

Reduza a comida. Quando você descansa fisicamente, o corpo pode descansar, mas o estômago continua a trabalhar, digerindo o alimento ingerido. Se uma vez por semana você fizer somente uma refeição naquele dia, dará ao seu sistema digestivo um descanso do trabalho incessante, e isso será bom para sua saúde. Nesse dia, você deve beber muita água. As pessoas enfermas, cujos médicos aconselham a não jejuar, não precisam cumprir esse voto de uma única refeição no dia e podem considerar a adoção de outro tipo de austeridade.

## Voto do sexto dia:

Seja útil. Há muitas opções de trabalho voluntário. Se prestar atenção, poderá sempre encontrar uma oportunidade para servir os outros. Se não puder encontrar uma forma de servir diretamente, você poderá partilhar uma parte de seu ganho com uma ou com várias instituições comprometidas com o serviço social. A melhor forma de serviço voluntário é onde ninguém (nem o beneficiário) sabe quem está oferecendo a ajuda.

## Voto do sétimo dia:

Mantenha-se em silêncio. Pode ser difícil manter um voto de silêncio absoluto por um dia inteiro, então você pode começar com uma hora, a partir do momento em que levanta. Na semana seguinte, pode tentar aumentar para duas horas ou mais e lentamente trabalhar até chegar a um dia completo. Se suas responsabilidades não lhe permitirem manter silêncio durante o dia todo, fale somente quando for realmente necessário. Não comente a vida alheia nem entre em conversas inúteis. A Amma diz que falar excessivamente aumenta a turbulência mental, drena nossa energia e sufoca a sutil voz interior de Deus. Quando mantemos silêncio, mesmo que os pensamentos continuem a surgir, estamos conservando energia que nos ajudará a concentrar nossas mentes em Deus. A Amma diz que os pensamentos podem ser comparados a pequenas ondas na superfície de um copo de água. Embora a superfície seja alterada, a água não é perdida. Mas quando falamos é como se a água transbordasse ou vazasse.

Uma vez por mês, reflita sobre os progressos que está fazendo e sobre o progresso que ainda deseja fazer, e veja se é o momento de mudar o foco de qualquer um dos votos. A Amma diz que todos os aspirantes espirituais precisam cultivar a paciência, o entusiasmo e a fé otimista. Tenha coragem para continuar tentando.

Tudo o que a Amma nos pede é que entreguemos nossos hábitos negativos e falhas aos Seus pés de lótus e, em troca, tomemos uma ou duas das incontáveis qualidades divinas da Amma como *prasad* dela. Esses votos são a lâmpada que irá iluminar o caminho durante nossa jornada pela floresta escura da ignorância e que também salvarão outras pessoas de se perder. Podemos seguir pelo menos alguns desses votos sem muita dificuldade.

Se pudermos cultivar pelo menos um bom hábito, muitos outros irão se seguir. Se uma formiga vai a algum lugar, outras formigas a seguem. Da mesma forma, um bom hábito é suficiente para fazer com que outros hábitos sigam o exemplo.

Há um verso no *Bhagavad Gita* em que Sri Krishna diz que nenhum esforço no caminho espiritual é em vão nem pode causar dano. Mesmo um pouco desse *dharma* de cultivar bons valores e bons hábitos em nossas vidas terá um resultado benéfico.

## Dedicar nossas ações ao guru ou a Deus

Se pudermos desenvolver a sólida convicção de que nosso guru é uno com Deus, e que qualquer coisa que nos aconselhe é somente para nosso próprio benefício, poderemos cultivar o amor e a dedicação a nosso guru. Gradualmente, desejaremos dedicar a ele todas as nossas ações. Essa é a melhor forma de adorar a Amma. Não precisamos nos perguntar se podemos realizar uma ação negativa e dedicá-la à Amma. Se A amamos tanto que desejamos Lhe dedicar todas as nossas ações, será difícil para nós agir de forma danosa. Naturalmente, o mesmo é verdade quando dedicamos nossas ações a Deus. Ao dedicar nossas ações ao guru ou a Deus, começamos a reduzir nossas ações negativas e, finalmente, as eliminamos completamente. Dedicando amorosamente nossas atividades diárias à Amma ou a Deus, purificamos todas as nossas ações.

Mesmo se não pudermos dedicar todas as nossas ações a Deus, cumprir simplesmente nossas tarefas com sinceridade nos trará mérito. As escrituras declaram que é meritório fazer nossas tarefas sinceramente.

## O papel do mahatma na restauração da harmonia

Todos os corpos vivos têm um sistema imunológico que evita que objetos estranhos entrem e permaneçam no corpo. Por exemplo, se um inseto ou um pedaço de sujeira entra no olho, as lágrimas fluem imediatamente e empurram o objeto estranho a um canto do olho. Se alguma coisa irrita o nariz, como o pólen ou a pimenta, espirramos imediatamente. Quando germes invadem o corpo, o sistema imunológico luta para eliminá-los. *Mahatmas* como a Amma são o "sistema imunológico" da humanidade, protegendo o planeta das infecções da injustiça, do crime, da violência, da raiva e do ódio. A Amma diz que os *mahatmas* são como as colunas de um prédio, que dão o verdadeiro suporte ao edifício. Os *mahatmas* com seu amor incondicional, compaixão e vibrações puras dão apoio à Criação de muitas formas.

A maioria dos deuses e deusas da mitologia hindu é munido de várias armas. Isso faz com que muitos ocidentais pensem que essas deidades representam forças despóticas e freqüentemente demoníacas e que as pessoas as cultuam por medo e ignorância. Isso não é verdade. Com freqüência, as armas são simbólicas. Por exemplo, a espada de Kali simboliza o poder do discernimento e o tridente representa as três qualidades básicas: serenidade, atividade e repouso. Essas armas são usadas para destruir a injustiça. Os avatares como Rama e Krishna sempre tentaram transformar os perversos por meio da razão, da diplomacia e da caridade. Somente quando não tinham resultado com essas três formas de abordagem pacífica usavam a única via que lhes restava, punir ou matar o transgressor. Era dever deles fazê-lo, porque eram responsáveis pela manutenção do *dharma* na nação.

Enquanto Rama e Krishna mataram as pessoas perversas que se recusaram a se modificar, a Amma está matando as qualidades perversas em nós. Ela está limpando nossa mente e assim mudando nosso comportamento.

O objetivo de todos os avatares é restaurar a harmonia do mundo. Os métodos que usam para alcançar essa meta diferem de acordo com as tradições, sistemas e circunstâncias vigentes no momento. Se um objeto cair em nosso olho, não será útil espirrar. Se uma mosca entrar no nariz, as lágrimas não ajudarão. Dependendo da situação preponderante, os avatares e os *mahatmas* adotarão meios e métodos diferentes para restabelecer o *dharma*.

# A arma da Amma

A arma de Sri Rama era um arco e flecha. A arma de Sri Krishna era um disco. A Amma usa a arma do Amor. Naturalmente, Rama e Krishna também eram encarnações do amor supremo, mas como Rama era um rei e Krishna um conselheiro e amigo dos reis, seus *dharmas* eram lutar contra as forças *adhármicas*. A Amma, no entanto, veio ao mundo como a Mãe Universal, Sua arma principal é o Amor.

Com amor e paciência infinitos, a Amma senta conosco hora após hora, escutando nossos problemas, consolando-nos e dando-nos a força que precisamos para enfrentar nossos desafios. É o poder do amor que faz com que tantas pessoas queiram se juntar ao exército do serviço abnegado da Amma. O poder do amor transcende a nacionalidade, religião, idioma, cultura, transcende tudo. O amor da Amma nos ajuda a transformar e a eliminar nossas negatividades.

Todos nós temos amor pelo poder, mas não temos o poder do amor. Nosso amor é egoísta. O amor da Amma vai além de todo o amor terreno. É o poder do amor da Amma que nos faz esquecer as preocupações. A Amma desce ao nosso nível, canta e dança conosco, brinca e compartilha nossas lágrimas para nos ajudar a sintonizar com Ela e subirmos ao Seu nível.

Houve um louco que ficou no *ashram* por alguns anos. Ninguém queria conversar com ele porque falava coisas sem sentido. Mas sempre que ia ao *darshan*, a Amma passava mais tempo com ele, perguntando-lhe coisas como: "Você está feliz, meu filho? Tem comida suficiente?".

Um dia, a Amma perguntou-lhe: "Por que essa aparência tão triste?" O homem respondeu: "Eu não estou apenas triste, estou zangado com Você, Amma, porque não me deu muita atenção na última vez que vim para o *darshan*!" Se estivéssemos em Sua posição, nós simplesmente o poríamos de lado, mas a Amma passou quase dez minutos explicando-lhe o quanto Ela se importava com ele e que não tinha podido dar-lhe atenção suficiente naquele dia por causa da multidão. Após escutar as palavras da Amma, ele ficou muito feliz.

No início do *ashram*, havia muitos ateus e agitadores que ofendiam e criticavam a Amma. Sendo a verdadeira personificação da paciência e do amor, Ela tolerava esse tratamento doentio sem nenhuma alteração ou reação. Entretanto, quando os descrentes molestavam qualquer um de Seus devotos, Ela ficava profundamente preocupada. A Amma explica Sua própria natureza com a ajuda de uma comparação: "Se a base de uma árvore for furada, não importa; mas se um galho delicado dessa árvore for furado, afetará a árvore".

Lembro-me de um evento específico quando a Amma estava dando *darshan* em *Krishna Bhava*. Como sempre, um sorriso agradável e encantador iluminava Sua face, e os devotos estavam absorvidos na benção da Sua presença divina. Naquele momento, um devoto entrou no templo completamente atormentado. Ele tinha sido profundamente molestado por alguns ateus locais. Muito triste e agitado, caiu aos pés da Amma, soluçando sem controle e pedindo-Lhe que encontrasse alguma solução para a situação. Repentinamente, a expressão da Amma mudou, e Ela parecia extremamente feroz. Seus olhos pareciam duas bolas de ferro ardente, emitindo chamas de cólera agudas para todo lado.

Ela uniu os dedos no mudra de Devi. Essa foi a primeira vez que a Amma assumiu o aspecto feroz da Deusa. Somente após muita

171

oração e recitação de vários mantras, Ela se acalmou. A Amma explicou mais tarde: "Ao ver o sofrimento daquele devoto, tive vontade de destruir todas as pessoas injustas que insistem em molestar os devotos. De forma espontânea, o aspecto feroz da Divina Mãe manifestou-se para dar refúgio ao perseguido."

# Capítulo 12

# O poder do amor

## O amor somente doa

Há muitos tipos de amor, mas a maioria deles é limitada em seu escopo. Há atividades em que a força muscular é necessária, como levantar objetos pesados ou correr maratonas. Entretanto, o valor desse tipo de poder é limitado. Por exemplo, a força física de uma pessoa é completamente inútil para acalmar um bebê que chora. O poder monetário também é limitado. Se estiver de luto pela morte de um ente querido, nenhuma quantidade de dinheiro removerá seu sofrimento. O poder político também tem suas limitações.

No entanto, ninguém ainda descobriu os limites do poder do amor. O amor é a ponte que une a humanidade à divindade. Todos nós sabemos que Deus é ilimitado e todo-poderoso. E sabemos que Deus é amor. Portanto, o poder do amor também deve ser ilimitado. O amor se expressa na doação. O amor nunca tira coisa alguma; está sempre atento às oportunidades para doar.

O amor transforma

A Amma sempre diz que o amor é a base da vida. Onde houver amor real, haverá menos problemas e onde houver menos amor, haverá mais problemas. Todos os problemas podem ser resolvidos por meio do amor.

Alguns talvez achem que essa perspectiva é somente o pensamento positivo de uma mãe amorosa e não pode ser verdadeira na vida

173

diária. Se o amor pode resolver todos os problemas, então por que há tanto derramamento de sangue e violência neste lindo planeta? Normalmente lançamos mão da força e da violência para atingir nossas metas porque não temos paciência, entendimento e perseverança suficientes. Se estivermos armados com o amor puro e pudermos expressar esse amor em cada um de nossos pensamentos, palavras e ações, poderemos anular a mancha da guerra e da violência da face da Terra.

Em seu discurso no Encontro do Milênio para a Paz Mundial nas Nações Unidas, Amma disse: "O que não pode ser conseguido com força, violência e guerra, pode ser alcançado com amor."

O que a Amma realizou com Seu amor é o melhor exemplo da verdade dessa afirmação. Embora tenha sido tratada cruelmente por muitos dos habitantes de seu vilarejo natal durante Sua infância e adolescência, Ela nunca reagiu às crueldades com ódio ou ressentimento. Como uma árvore frutífera fornece frutos doces mesmo quando se joga pedra nela, a Amma respondeu à hostilidade e ódio dos homens da aldeia com Seus magnânimos projetos de caridade que continua a oferecer ainda hoje.

Quando Amma voltou para casa após a reunião da ONU, teve uma recepção comovente daqueles mesmos aldeões que haviam sido hostis e odiosos com Ela durante tantos anos. As mesmas mãos que antes atiravam pedras na Amma e cometiam atos maliciosos contra o *ashram* ofereceram pétalas de flores em Seu caminho. As mesmas línguas que ofenderam e tentaram desonrar a Amma agora cantavam o mantra *"Om Amriteswaryai Namah,"* que significa, "Saudações à Divina Mãe *Amritanandamayi".*

Amma levou quase cinco horas para percorrer uma distância de doze quilômetros entre a estrada principal e o *ashram* por causa da multidão ao longo do caminho. Todas as famílias acenderam lamparinas a óleo em frente das casas, como sinal de respeito e reverência, e esperaram nas portas das casas por horas para receber um olhar passageiro da Amma. Assim que Ela chegou ao *ashram,* começou a chuviscar, dando a impressão que a própria Mãe Natureza estava derramando lágrimas de alegria vendo a enorme mudança na atitude dos habitantes da vila. Esse é o milagre do amor. A vida da Amma é uma infinita série desses milagres.

## A Amma quebra uma regra do ashram

Dois obstáculos para que eu me tornasse um *sannyasin* foram o apego aos meus pais e meu amor por iogurte e coalhada. Eu era muito apegado aos meus pais e nunca pensei que os deixaria para morar em um *ashram*. Também estava acostumado a comer iogurte ou coalhada todos os dias com minha refeição e não conseguia imaginar saborear a comida do *ashram* dia após dia sem esses itens. Naquele tempo, não se servia iogurte nem coalhada no *ashram*, definitivamente não aos *brahmacharins*! Um alimento rico como o iogurte todos os dias não é considerado propício para se manter o celibato. Além disso, não fazia parte da dieta regular na região em torno do *ashram*.

No entanto, no meu caso, quando a Amma perguntou se eu gostaria de ficar no *ashram* como *brahmacharin*, respondi: "Está bem, se eu puder comer iogurte e coalhada como em minha casa."

Amma respondeu: "Isso não será problema." E montou um esquema especial para que eu recebesse iogurte. O amor da Amma não se importa em quebrar qualquer regra ou hábito para salvar uma alma. Ela sabia muito bem que, se eu ficasse fora do ambiente protetor do *ashram*, provavelmente eu me envolveria com os ilusórios prazeres dos sentidos.

Uma vez minha mãe me escreveu uma carta ofendendo a Amma e chamando-A de pescadora. Isso me zangou muito. Como eu havia experienciado o amor abnegado da Amma e Sua glória espiritual, não podia suportar que Ela fosse criticada ou ofendida. Como vingança, decidi que não visitaria meus pais até que se desculpassem ou escrevessem algo positivo sobre Ela.

Eles não fizeram nada disso. Ao contrário, contrataram um sacerdote para executar ritos tântricos[1] para que eu mudasse de opinião, deixasse o *ashram* e voltasse para casa. Mandaram-me também um talismã (um pendente) para que eu o usasse no pescoço. O talismã havia sido energizado pela recitação de alguns mantras poderosos. O parente que o havia trazido disse que só sairia do *ashram* quando eu o colocasse no pescoço. Finalmente, levei o problema à Amma, que disse: "Embora tenha poder suficiente para perturbá-lo e atrapalhá--lo, não se preocupe. Simplesmente use-o. A Amma irá protegê-lo para que não cause dano." Ela quis que eu o usasse somente para satisfazer a meus pais, então assim o fiz. Embora meus pais fossem completamente contra a Amma, Ela era extremamente amorosa com eles e nunca perdia uma oportunidade para agradá-los.

Meus pais esperavam que eu mudasse de idéia e voltasse logo para casa, porque o sacerdote que havia executado o ritual tântrico para mudar minha opinião era muito conhecido como um especialista nesses procedimentos. Eles ficaram muito surpresos em ver que não houve qualquer mudança em minha atitude e compreenderam que a Amma devia ser uma pessoa mais poderosa do que tinham imaginado, já que os rituais do sacerdote e seus encantos não funcionaram.

Naquele período, muitos incidentes os convenceram de que a Amma é uma com a Divina Mãe que eles cultuavam todos os dias. Isso trouxe uma grande transformação em suas vidas, e finalmente tornaram-se devotos dela.

## Não é a quantidade, mas a qualidade

Há muitos anos, uma devota de Tamil Nadu foi ver a Amma pela primeira vez. Como eu falo tamil, fui seu tradutor. Ela ficou muito impressionada com o amor e a energia espiritual da Amma e, antes de

---

[1] *Tantra* é um sistema de culto para obter as bênçãos de um poder mais alto. A ênfase é colocada mais em mudras do que em mantras.

voltar para casa, fez uma generosa doação ao *ashram*. Naquela época estávamos em uma situação financeira lamentável, e essa doação era realmente uma dádiva, uma sorte para o ashram.

Um mês mais tarde, a mesma devota voltou. Quando chegou, a Amma tinha acabado de dar o *darshan* e havia voltado para Seu quarto. Quando vi a mulher, fui correndo ao quarto da Amma, pensando: "A Amma ficará muito impressionada e descerá imediatamente para conversar com esta senhora, porque, na última vez em que visitou o *ashram*, ela fez uma grande doação." Bati na porta do Seu quarto, e a porta se abriu. A Amma estava lendo cartas escritas pelos devotos e me perguntou: "Qual é o problema?" Pelo Seu olhar, sabia que eu A havia contrariado. Fiquei hesitante, mas ainda assim juntei coragem e disse: "Aquela senhora de Tamil Nadu, que fez uma grande doação no mês passado, chegou."

A Amma perguntou: "E daí? O que eu devo fazer?"

Eu não sabia o que dizer. Murmurei algumas palavras e voltei ao meu quarto. Nem mesmo fui encontrar a senhora. Após algum tempo, a Amma saiu e ficou na varanda do quarto. Eu estava passando por ali por alguma razão quando Ela me chamou e perguntou: "Há algum devoto esperando por mim?" Imediatamente agarrei a oportunidade: "Sim, sim, Amma. Aquela senhora de Tamil Nadu está esperando."

"Chega!" disse ela. "Eu não perguntei sobre aquela senhora. Há alguém mais esperando?"

Respondi que ia verificar e saí. Vi um casal com os filhos e somente por entender que era uma família muito pobre. As crianças estavam com os narizes escorrendo, tinham os rostos sujos e o cabelo despenteado. Qualquer um os teria tomado por mendigos. Ao que parece, quando chegaram ao *ashram,* descobriram que o *darshan* havia acabado e não poderiam ver a Amma. Estavam muito tristes com isso e começaram a chorar. Foi nesse momento que a Amma enviou-me para ver se havia alguém esperando por Ela.

Voltei até Ela imediatamente e disse: "Amma, há uma família esperando. Vieram vê-La, mas como a Senhora já havia saído não puderam receber Seu *darshan*. Eles precisam voltar para casa hoje. Disseram que têm uma pequena casa de chá." Eles haviam fechado a loja para ir ao *ashram* para ver a Amma. Se não voltassem naquela noite para casa, no dia seguinte não poderiam abrir a casa de chá, que era seu único meio de vida. A Amma imediatamente pediu-me que os levasse até Seu quarto. Fiquei surpreso. De um lado, essa senhora rica e generosa estava esperando para ver a Amma, e a Amma não podia vê-la. Por outro lado, estava chamando essa família pobre ao Seu quarto! A Amma falou com eles e consolou-os, ficou quase meia hora com a família e deu-lhes o *prasad*.

Não consegui controlar minha curiosidade e perguntei: "Amma, eu gostaria de entender porque agiu assim hoje. Aquela família pobre que a Senhora encontrou agora não vai ajudar o *ashram*, enquanto que a senhora rica esperando para vê-La poderia ser uma grande ajuda ao nosso *ashram,* de muitas formas."

A Amma imediatamente respondeu em um tom muito sério que Ela não faz Seu trabalho esperando a ajuda de ninguém, embora esteja sempre pronta a ajudar qualquer um que precise. Ela disse: "Aquele casal pobre vem ao *ashram* todas as semanas. Têm uma casa de chá muito pequena e mal conseguem sobreviver. Aceitam alegremente qualquer dinheiro que conseguem ganhar. Sua única fonte de renda vem de vender chá e lanches em sua pequena loja. São tão pobres que é somente com o dinheiro que ganham a cada dia que podem comprar arroz e alimentos para o dia seguinte. Uma vez por semana, o marido e a mulher jejuam e vêm visitar a Amma com o dinheiro que gastariam em comida. Na semana passada, tinham algumas rúpias e ofereceram como doação."

A senhora milionária havia feito uma grande doação, mas a Amma não lhe deu nenhuma atenção especial. Comparada com esta enorme doação, o que aquela família pobre havia doado era nada. Mas considerando-se a pobreza da família, Amma disse que sua doação era inestimável.

Devo mencionar que, mais tarde, a Amma chamou a senhora milionária em Seu quarto e ficou algum tempo com ela.

# Capítulo 13

# Renúncia

## O presente que a Amma aprecia

Durante uma das comemorações do aniversário da Amma, há alguns anos, um grupo de estudantes levou uma grande caixa impecavelmente embalada, que foi oferecida à Amma como presente de aniversário. A Amma a aceitou sorrindo e dizendo: "*Namah Shivaya*." Em seguida, disse-lhes: "Esse é um lindo presente, mas vocês podem Me dar um presente melhor." Eles eram jovens e Ela sabia que eles fumavam. Assim, disse-lhes: "Filhos, muitas pessoas estão sofrendo nesse mundo. Muitas nem mesmo têm dinheiro para comprar um único analgésico, muito menos remédios. Se vocês deixarem de fumar e economizarem esse dinheiro do cigarro, a cada ano poderão usá-lo para ajudar pelo menos algumas pessoas que sofrem."

"O que vocês ganham fumando? Isso apenas destrói a saúde e os tornam escravos de um mau hábito. Vocês estão convidando doenças e enfermidades e estão pagando o preço de uma morte prematura. Isso está até impresso nos maços de cigarro: 'Fumar é prejudicial à saúde. O fumo pode causar câncer'. Mesmo assim, muitos não conseguem abandonar o hábito de fumar. Algumas pessoas acham até que fumar é um símbolo de status. O status real e duradouro vem de uma consciência expandida e não desses hábitos prejudiciais."

"Se puderem parar de fumar ou pelo menos reduzir o fumo e usar o dinheiro que economizarem para ajudar os pobres, a Amma consideraria isso como o melhor presente que poderiam dar a Ela." Os jovens ficaram pensativos por um tempo. Todos eles tinham consciência do poder do vício do cigarro e de como era difícil superá-lo. Então, disseram: "Tentaremos, mas precisaremos de suas bênçãos e graça."

Amma respondeu: "Se não puderem parar, tragam-me todas as guimbas de cigarro que fumarem. O simples pensamento de que a guimba do cigarro será oferecida à Amma lhes ajudará muito a não fumar." A Amma encerrou com essas palavras.

Às vésperas do aniversário seguinte, os jovens voltaram com dois pacotes de presente fechados e embrulhados com cores vivas. Insistiram para que a Amma abrisse os pacotes e visse o que havia dentro deles. Ela abriu a primeira caixa diante dos estudantes sorridentes e triunfantes. "Esse é o presente mais importante que poderiam dar à Amma", exclamou Ela com uma risada alta. Todos se curvaram para olhar o presente tão importante. A caixa estava vazia! Não havia pontas de cigarro, o que significava que nenhum deles tinha fumado um único cigarro durante todo o ano, pois haviam prometido à Amma que tentariam. Na segunda caixa, havia roupas, cadernos, canetas e lápis para os alunos do orfanato. Aqueles adolescentes tinham mantido sua promessa à Amma.

Nós também podemos tentar oferecer à Amma esse tipo de presente, o presente da renúncia e da doação. Ela não deseja nada material de nós, quer que Seus filhos ajudem os pobres e sofredores ao menos um pouco, abandonando parte de seus vícios e luxos. O lema no emblema do *ashram* da Amma (*tyagenaike amritatwamanasuh*) significa: "Sem renúncia, a Verdade não pode ser compreendida." Isso é parte de um hino religioso dos Upanixades, que diz: "Nem pelas ações, nem pelos descendentes, nem pela riqueza ou dinheiro, mas apenas por meio da renúncia se alcança a imortalidade."

# O verdadeiro espírito de renúncia

Quando falamos sobre renúncia, pensamos imediatamente que devemos abandonar nossa família, nossa fortuna, nossa casa e todas as outras posses e passar todo o tempo em meditação. Não é isso. Renúncia significa abandonar o apego às nossas posses. Em sânscrito, esse apego é chamado *mamakara*, que significa "o sentido de propriedade ou de posse". É o par do *ahamkara* (ego). Na filosofia do Vedanta, chama-se de *moksha* ou liberação o rompimento do sentido de limitação imposto pela sensação de "eu" e "meu" e pelo ego.

Quando penso que esse pedaço de terra é meu, estou dizendo que o resto do terreno, que toda a Terra não tem relação comigo. Dessa forma, estou impondo uma limitação à natureza infinita do meu verdadeiro Ser Superior. Da mesma forma, quando penso que sou esse corpo, essa mente e esse intelecto, estou me permitindo apenas uma imagem de mim mesmo relativamente pequena e esquecendo que eu sou uno com a Consciência onipresente.

Pode ser impraticável começar a ter essa atitude universal imediatamente em todas as esferas da vida enquanto o ego permanecer dentro de nós. A forma prática e segura para a liberação é conectar nossa vida à de um mestre que tenha alcançado essa unidade com o Ser Superior. Como um barco que atado a um navio pode atravessar o oceano sem nenhum esforço próprio, ao conectar nossa vida com a de um mestre, podemos também alcançar a outra margem do oceano da vida e morte.

Cada um de nós veio ao mundo sozinho e ninguém irá conosco quando partirmos. Esse corpo, nosso local de nascimento e nossos pais não foram escolhidos por nós de forma consciente. Assim sendo, deveríamos estar prontos para aceitar que tudo o que estimamos nessa vida, que todos os nossos parentes e amigos e todas as nossas realizações também são presentes do Todo Poderoso. Amamos e valorizamos esses presentes, mas com que freqüência nos lembramos que foi Deus quem nos deu todas as coisas?

Quando compreendemos que essa vida em si mesma é um dom de Deus, temos então a atitude sincera de gratidão a Ele e à Criação, que é a Sua expressão. A presença e a vida do mestre nos ensinam essa verdade. O mestre, sendo uno com Deus, nos dá um ponto focal sobre o qual desenvolvemos nosso amor e dedicação à divindade. Se tivermos a atitude de que tudo o que nos acontece nos é dado pela Amma, e tudo o que perdemos é nossa oferenda a Ela, teremos então a equanimidade mental em todas as circunstâncias. Essa é a verdadeira renúncia.

Renúncia não significa necessariamente abandonar tudo e ir para um *ashram* ou que não devemos amar nossos filhos ou cônjuges. Podemos viver com nossa família com um espírito de desapego. Devemos fazer tudo como nosso dever, mas, ao mesmo tempo, precisamos nos lembrar que tudo irá desaparecer um dia, no momento da morte. Devemos estar preparados para isso. Essa é a verdadeira atitude de renúncia.

Janaka foi um famoso rei da antiga Índia. Era um verdadeiro *jnani* que havia compreendido a Verdade. Janaka tinha um guru chamado Yagnayavalkya. Mesmo sendo rei, ele comparecia às aulas das escrituras junto com os inúmeros alunos de Yagnayavalkya. O guru amava muito o Rei Janaka por sua profunda espiritualidade e concedia-lhe alguns privilégios. Algumas vezes, esperava para começar a aula até que Janaka chegasse, mas se os outros discípulos estivessem atrasados, não os esperava. Mesmo se eles ainda não tivessem chegado e o Rei Janaka chegasse cedo, o guru começava imediatamente a aula. Os outros discípulos não compreendiam essa atitude e ficavam enciumados. Achavam que o guru era parcial porque Janaka era um rei milionário e concluíram que a atitude dele não era correta. Alguns deles espalharam essa idéia entre os outros. Houve uma agitação geral entre os alunos.

Entretanto, compreendendo a atitude mental dos alunos, Yagnayavalkya queria que eles vissem o erro de suas conclusões apressadas. Criou então uma ilusão de fogo com seu grande poder espiritual.

No meio da aula, um mensageiro do palácio do rei chegou muito apressado e, após receber a permissão do guru, entregou a Janaka uma nota, sussurrando-lhe algo. Os outros discípulos assistiram e um deles, que estava sentado ao lado do rei, espiou para ver do que se tratava. O guru parou a aula e fechou os olhos. Quando abriu, todos tinham desaparecido e somente Janaka permanecia na classe. Todos os outros discípulos tinham fugido. Ele continuou a aula somente com Janaka ali sentado, sereno e calmo.

Após algum tempo, os discípulos voltaram e descobriram que a aula já havia acabado. Zangaram-se com o guru e perguntaram: "Porque você terminou a aula tão cedo? Ninguém ficou aqui. Deveria ter esperado que voltássemos."

O guru respondeu: "Janaka estava aqui." Os alunos ficaram ainda mais enraivecidos e disseram ao guru: "Você não sabe o que aconteceu?"

"Não, o que aconteceu?" perguntou inocentemente o guru.

"O palácio real pegou fogo", responderam.

O guru perguntou: 'E daí? Vocês não vivem no palácio, porque isso lhes incomodaria?'

"Tínhamos pendurado nossas roupas para secar perto dos muros do palácio. Elas poderiam ter queimado. Foi realmente pela graça de Deus que pudemos chegar lá bem a tempo!"

O guru voltou-se para o rei e perguntou: "O senhor não sabia que o palácio estava em chamas? Não é seu dever salvá-lo? O que estava fazendo aqui sentado tão calmo?"

Com grande humildade, Janaka respondeu: "Mestre, a vida é incerta. Quem sabe se irei dar o próximo respiro? Antes que a morte leve o corpo, precisamos compreender a imortalidade do Ser Superior. Aí então, poderemos não somente nos salvar, mas a toda a humanidade. Aos pés de um grande mestre como o senhor, a Auto-Realização pode ocorrer a qualquer momento. Somente um tolo perderia essa preciosa oportunidade de escutar os ensinamentos do seu guru para tentar proteger coisas que são perecíveis por sua própria natureza."

Para mostrar aos discípulos a grandeza do Rei Janaka, Yagnaya-valkya disse-lhes: "Janaka é o rei do país todo. O palácio é sua casa; mesmo sabendo que estava em chamas, ainda assim não saiu daqui. Ele não tem apego algum às posses de valor embora viva entre elas, enquanto vocês têm somente algumas posses como suas tangas e ainda assim são tão apegados a elas. Tentarão salvá-las mesmo ao custo da Auto-Realização. A pessoa pode ser um *sannyasin* e ainda assim ter apego a pequenas coisas como o pote para esmola, um par de sandálias ou um cajado. Por outro lado, há pessoas que têm muitos filhos e muitas responsabilidades e ainda assim são totalmente desapegadas. Essa atitude mental é a verdadeira renúncia."

## Muitas oportunidades para praticar a renúncia

Imagine que dormimos oito horas por noite. Porque não reduzir apenas meia hora? Assuma o compromisso: "De agora em diante, dormirei somente sete horas e meia." Isso é renúncia. Imagine que comemos quatro vezes ao dia. Podemos decidir: "Comerei somente três vezes ao dia, sem aumentar a quantidade de comida que como atualmente em cada refeição."

A mente não quer ser disciplinada. Via de regra, uma mente indisciplinada é agitada e inquieta. Caso contrário, seríamos felizes e tranqüilos como a Amma. Sempre que tentamos impor alguma disciplina, há uma batalha interna, mas não podemos abandonar o esforço. Se formos capazes de disciplinar nossas mentes, poderemos alcançar Deus.

Muitos de nós não querem meditar por muito tempo. Tampouco gostamos de fazer os *asanas* de ioga por um longo tempo. Entretanto, quando persistimos nessas práticas espirituais como uma disciplina, estamos praticando a renúncia indiretamente. Embora tenhamos vontade de levantar após meia hora de meditação, se tivermos a só-lida determinação de que hoje nos sentaremos por quarenta e cinco minutos, isso é renúncia (isto é, a renúncia ao nosso forte desejo de levantar após 30 minutos). Há muitas oportunidades para que nós pratiquemos esses atos de renúncia em nossas vidas diárias. Dessa forma, nossa mente pode ser treinada.

Muitas pessoas acham que só podem se voltar para a espiritualidade após ter ganhado dinheiro suficiente, ter alcançado a posição que queriam e aproveitado de todos os prazeres dos sentidos que poderiam desejar. Somente então querem considerar a renúncia. Isso nunca acontecerá. Nossa mente e corpo não nos obedecerão, mesmo se conseguirmos começar a rezar e meditar quando formos idosos. Será muito mais difícil controlar a mente, reduzir os pensamentos e manter o corpo imóvel por um longo tempo quando formos mais velhos. Assim, é sempre melhor começar cedo nossa busca espiritual – quanto mais cedo, melhor.

## Os aspectos familiares da renúncia

A renúncia não é algo novo para nós. Com freqüência, a praticamos na vida diária, mas normalmente apenas para fins egoísticos. A Amma nos dá um exemplo desse tipo de renúncia. Muitas pessoas alegam não ter tempo para ir ao *satsang* ou a um templo ou igreja para o culto, e ainda assim conseguem esperar por horas em um hospital se o filho estiver doente. No hospital, têm que enfrentar muitos incômodos, mas suportam essas experiências sem reclamar. Isso é um tipo de renúncia feita para o bem da família.

A Amma dá também os seguintes exemplos: quando os cinemas exibem filmes populares na Índia, vemos pessoas em pé na fila por um longo tempo, expostas ao sol quente durante horas para conseguir ingressos. Essas pessoas não se importam com essas dificuldades. A mesma coisa acontece em um estádio de beisebol. As pessoas ficam tão ansiosas para conseguir um ingresso para assistir o jogo que não se importam de ser empurradas pela multidão. Essas são formas diferentes de renúncia, mas não têm um valor duradouro.

O tipo de renúncia que mencionamos aqui é como a do menino que renuncia às suas bolas de gude quando não está mais interessado nelas. Havia dois irmãos, um com cinco anos e o outro com oito.

O garoto de oito anos pegou todas as bolas de gude de seu irmão e recusava-se a devolvê-las, sem se importar com o pequeno que chorava. Todos os dias brigavam pelas bolas e isso aconteceu durante um certo tempo. Certa manhã, o irmão mais velho pegou todas as bolas de sua gaveta e deu-as ao menor. O pequeno não conseguia acreditar. Pensou que seu irmão tinha enlouquecido. Porque outra razão ele cederia aquelas bolas tão preciosas? Será que seu irmão tinha ficado generoso da noite para o dia? A explicação simples era que o pai tinha dado ao menino mais velho uma bicicleta, e ele não estava mais interessado nas bolas de gude. Ele não mais se importava com elas, agora que tinha algo muito melhor.

Muitas pessoas não estão dispostas à renúncia quando ela significa servir aos outros, executar práticas espirituais ou abandonar algum apego. Mas quando vamos ver a Amma, realmente praticamos a renúncia por um propósito superior . Em todo o mundo, muitas pessoas que normalmente não renunciam ao sono, à comida e a outros confortos, esperam por horas durante os programas de *darshan* da Amma para experienciar um vislumbre de Seu amor divino. Quando estamos na presença da Amma, todas as nossas insignificantes preocupações e apegos tendem a desaparecer gradualmente. Infelizmente, assim que nos afastamos dela, não conseguimos manter o mesmo estado de espírito.

A renúncia exige determinação para mudar a direção ou o foco de nossa vida, passando do mundano ao espiritual. Devemos ter consciência da meta e nos aplicarmos para atingi-la.

## A grandeza da verdadeira renúncia

O grau de nossa renúncia não se baseia na quantidade de dinheiro que damos como caridade, nem no valor das coisas às quais renunciamos. Depende da atitude e do contexto em que realizamos o ato de renúncia. Há uma história comovente no *Mahabharata* que exemplifica a essência da renúncia. Após a grande guerra, os

Pandavas realizaram um grande sacrifício. Durante a cerimônia, ofereceram vacas, ornamentos em ouro, dinheiro e outros bens de valor para caridade. O ritual durou muitos dias e tantas riquezas e bens de valor foram distribuídos que todos teceram elogios, dizendo que era a maior oferenda já realizada. Embora os Pandavas fossem virtuosos por natureza, sentiram-se um pouco orgulhosos de sua própria magnanimidade.

Um dia, durante o sacrifício, uma fuinha surgiu no local dos sacrifícios. Era um animal estranho, porque metade dele era dourado enquanto a outra metade era marrom como uma fuinha comum. Quando os Pandavas viram essa fuinha estranha, ficaram curiosos.

Para surpresa de todos, o animal começou a falar com uma voz humana e disse: "Os méritos do sacrifício que realizaram não são nem mesmo um por cento dos méritos conquistados pela pobre família brâmane que doou somente um bocado de comida." Os Pandavas quiseram saber mais sobre esses comentários e perguntaram por que metade de seu corpo era dourado. O animal então respondeu com a seguinte história.

Há alguns anos, havia em um país uma família brâmane que foi atingida pela fome e pela seca. Não havia chovido por muitos anos e todas as colheitas foram perdidas. O estoque de comida definhou e as pessoas começaram a morrer de fome. Muitas famílias morriam todos os dias. Essa família brâmane conseguiu salvar um pouco de farinha de trigo. No final, isso também estava para acabar. Por isso, decidiram jejuar por alguns dias e, no dia que sentissem que iriam morrer de fome, usariam a farinha para fazer um único *chapatti* para comer, e assim poderiam sobreviver por mais alguns dias.

Já tinham jejuado por muitos dias, até que chegou o momento em que sentiram que morreriam se não comessem. Nessa família havia quatro pessoas: o marido, a esposa e seu filho e nora. Naquele dia, decidiram fazer um *chapatti* com a farinha que restava e dividi-lo em quatro. Quando iam comer o pão, viram um mendigo em pé na frente da casa, que disse: "Estou passando fome há vários dias. Se não me derem algo para comer agora, morrerei bem aqui em frente da casa." O marido teve pena dele e disse: "Estou pronto a ceder minha parte, mesmo que eu morra. Não me importo. Pelo menos, poderei salvá-lo. Pode ficar de bom grado com minha parte do pão." O pai deu seu pedaço de *chapatti* ao mendigo que o devorou.

Quando temos fome, se comermos apenas um pouco, isso agrava nossa fome, e isso aconteceu ao mendigo. Ele estava tão faminto que disse: "Oh, se não me derem um outro pedaço, certamente morrerei."

Então, a esposa disse: "Certo, devo seguir meu marido, então também vou abrir mão da minha parte." Deu seu pedaço ao mendigo, mas ainda assim a fome dele não foi apaziguada. Chegou a vez do filho que também deu seu pedaço, mas a fome do mendigo persistia.

A esposa do filho então decidiu: "Todos deram sua parte. Por que então deveria comer a minha? Darei também a minha parte." E assim o fez, o mendigo comeu e partiu.

Logo, a família toda morreu de fome. Após a morte da família, acabei voltando à casa deles em busca de comida. Encontrei um pouco de farinha espalhada. Quando rolei sobre a farinha de trigo, ela grudou em um lado do meu corpo e pela grandeza do sacrifício da família, aquele lado ficou dourado. Daquele dia em diante, tenho visitado todos os locais em que as pessoas praticam a caridade, mas não encontrei lugar algum que possa dourar o outro lado do meu corpo. Tinha muita expectativa de que, ao rolar nesse lugar sagrado em que esse grande sacrifício foi realizado, a outra metade do meu corpo também ficasse dourada. Infelizmente, minha esperança foi em vão.

A família brâmane não deu uma grande soma de dinheiro à caridade. Cada membro deu somente um pedaço de *chapatti*. Naquela circunstância, foi o maior sacrifício que alguém poderia fazer. Seja qual for a nossa posição na vida, seja qual for nosso antecedente ou situação, se pudermos praticar a renúncia, abrindo mão de algo que gostamos muito, abandonando algum apego, esse será então o maior sacrifício.

# Capítulo 14

# A graça de Deus

## O trabalho correto gera a graça

A maior parte das pessoas tem muitos objetivos e ambições na vida, mas apenas isso não é suficiente. Precisamos de um programa objetivo para alcançar nossas metas. Há certos elementos essenciais para conquistar qualquer objetivo na vida. A Amma diz: "Não importa quais sejam nossas metas ou ambições, para alcançá-las, precisamos de três coisas: o tipo certo de iniciativa, fazer o trabalho no momento adequado e a graça de Deus."

Só a ação não pode produzir um resultado positivo, a graça de Deus também deve estar presente. Entre nossa iniciativa e o resultado, há muitos outros fatores que influenciam o resultado e muitos deles não estão sob nosso controle. Embora todos os fatores tenham que ser favoráveis para obter o resultado desejado, não podemos mudar ou influenciar aqueles que estão além de nosso controle. Somente a graça de Deus pode torná-los favoráveis e nos dar os resultados positivos de nosso esforço.

A graça não é algo que recebemos só porque pedimos. A Amma sempre diz que temos que ganhá-la, o que implica que algum esforço é necessário. Temos que oferecer um empenho sincero e esperar pacientemente por essa graça.

É aí que os *mahatmas* e *satgurus* têm um papel vital. A graça que recebemos dos *mahatmas* e *satgurus* como a Amma não é diferente da graça de Deus. Os *mahatmas* e *satgurus* são personificações do amor incondicional e da compaixão. O único propósito deles é nos ajudar a sair dos problemas e dos elos mundanos e nos levar a Deus ou à Verdade.

A Amma diz que o período em que *mahatmas* e grandes mestres vivem nesse mundo é como um saldo de estação. Durante alguns períodos do ano, por exemplo, perto do Natal, do *Dipavali* e do Ramadá, as roupas, móveis e outros produtos são vendidos a um preço menor. Quando compramos esses produtos durante um saldo de estação, pagamos menos do que em outros períodos. Da mesma forma, os períodos em que os *mahatmas* vivem entre nós podem ser considerados como um período de liquidação de graças. Por meio da graça deles podemos obter o resultado desejado com menor esforço do que nos seria normalmente exigido. Esse benefício é verdadeiro não apenas para alcançarmos nossas metas, mas também para superarmos situações difíceis.

A espiritualidade não é limitada simplesmente a sentar e meditar, inclui também a forma como falamos com os outros, como nos comportamos com as outras pessoas etc. Se não fizermos o esforço certo, rezar: "Conceda-me a graça, conceda-me a graça", não produzirá resultado algum.

A Amma conta uma história muito engraçada sobre a falta de empenho. Havia um pobre homem que orava a Deus todos os dias. Um dia, teve uma idéia: "Quero ser rico. Se Deus me abençoar, com certeza ficarei rico imediatamente. Assim, por que não rezo pedindo isso?" Daí em diante, o homem rezava pedindo a Deus: "Oh Senhor, por favor, faça com que eu fique rico!" Após alguns dias, sem ver nenhuma mudança em sua situação financeira, pensou: "Talvez, eu devesse rezar para ganhar dinheiro de uma forma específica." Naquela cidade, havia uma loteria mensal. Assim, o homem rezou: "Oh Senhor, com a sua graça, faça com que eu ganhe o primeiro prêmio da loteria desse mês! Quando o sorteio da loteria aconteceu, o homem não ganhou nem mesmo o último prêmio. Ele ficou bastante desapontado, mas pensou: "No próximo mês haverá um outro sorteio, aí talvez eu vença."

No sorteio seguinte, o homem também não ganhou. Ele estava ficando preocupado, mas continuou a rezar. Vários meses se passaram, e ele ainda não havia ganhado o prêmio. Um dia, muito zangado começou a gritar com Deus: "Senhor, porque não me escuta? Não pode responder minhas simples preces?"

De repente, escutou a voz de Deus: "Meu filho, claro que eu conheço seus problemas e posso escutar as suas preces e tenho muita vontade de ajudá-lo."

O homem ficou ainda mais enfurecido. "Então, por que essa demora? Por que o Senhor não pode me fazer ganhar o primeiro prêmio da loteria?"

Deus respondeu: "Eu estou esperando para ajudá-lo, meu filho, mas o que posso fazer se você não compra o bilhete de loteria?"

Da mesma forma, se simplesmente rezarmos: "Oh Senhor, por favor, dê-me a Sua graça", isso não vai adiantar. Rezamos sempre pela graça, mas não desenvolvemos o esforço positivo necessário. Sem a graça de Deus, nosso esforço não pode frutificar, mas sem o nosso esforço, a graça de Deus é impossibilitada.

A graça de Deus ou a graça do guru pode também reduzir nosso carma negativo. Uma vez, alguns dos *brahmacharins* foram com a Amma a um programa em Kottayam, uma cidade a certa distância do *ashram*. No caminho de volta, visitaram uma casa em uma pequena vila, a pedido dos devotos que ali viviam. A Amma fez um *puja* na casa e, em seguida, passou algum tempo conversando com a família, que estava eufórica com a visita da Amma. Em certo momento, a Amma ficou introvertida, e a sala ficou em silêncio. Repentinamente, levantou-Se e saiu pela porta de trás sem uma palavra de explicação. Já eram três ou quatro da manhã e estava muito escuro. O dono da casa correu para levar a Ela uma lanterna para iluminar o caminho, mas, quando chegou, Ela já estava caminhando pelo pomar de mangueiras do quintal. Como não queria incomodá-La, o homem A seguiu a uma curta distância e dirigiu a luz para os Seus pés.

A Amma voltou à casa uns dez minutos mais tarde. Imediatamente, todos notaram que um dos dedos de Seu pé estava sangrando. Provavelmente o cortara enquanto caminhava no escuro. A família ficou muito triste e fez todo o possível para limpar e tratar a ferida. Em seguida, os *brahmacharins* A acompanharam de volta ao *ashram*.

Um dia, alguns meses mais tarde, essa família foi visitar a Amma no *ashram*. Contaram-Lhe que o vilarejo em que viviam tinha sido roubado. Um grupo de criminosos havia ido de casa em casa, roubando, espancando gravemente e até matando alguns daqueles que resistiram. A casa dessa família tinha sido roubada, mas ninguém da casa se ferira. A família sabia que era pela graça da Amma que não haviam sido atacados, e foram ao *ashram* para expressar sua gratidão. Quando contaram à Amma sobre o incidente, escutei Seu comentário: "Eu já espalhei sangue em sua casa. Por isso ninguém lá se feriu." A Amma não deu mais explicações, mas quando A escutei dizer isso, compreendi que o sangue estava destinado a ser derramado naquela casa. Ao receber a ferida em Seu pé e sangrando naquela casa, a Amma havia protegido a família do dano destinado a cair sobre seus membros.

## Do egoísmo ao desprendimento

Uma vantagem maravilhosa de visitar um *mahatma* é que os grandes mestres derramam sua graça sobre nós sem antes pedir qualquer qualificação. Eles nos ajudam a atingir nossa meta com menos esforço do que seria necessário sem eles.

A Amma dá o exemplo de um barco a velas. Se viajarmos em um barco a velas com um vento favorável, basta ajustar a vela para pegar o vento, e a viagem será rápida e fácil. Não precisamos remar o barco com toda força, porque o vento já o impulsiona. Da mesma forma, quando um *mahatma* como a Amma está vivendo entre nós, a brisa de sua graça e compaixão sopra constantemente. Basta simplesmente içar velas – abrir nossos corações – para receber a graça.

A Amma diz que, sendo gentis e amorosos e servindo aos outros de forma desinteressada, podemos obter essa graça. Da mesma forma que nossas atividades egoístas impedem o fluxo da graça, nossas ações desinteressadas abrem os portões da graça de Deus para que flua até nós.

Naturalmente, todos nós estamos fazendo o máximo de esforço em nossas buscas materiais; conseguir um bom trabalho, ganhar dinheiro, alcançar um alto status na sociedade, mas esses esforços são, na maioria das vezes, egoístas por natureza. Na maior parte do tempo, não fazemos nada de forma abnegada, mas ainda assim, recebemos infinitamente da natureza e da sociedade. A harmonia entre os seres humanos, os animais, as plantas e as forças naturais é perturbada pelo nosso egoísmo. Nosso egoísmo é a única nota dissonante na grande sinfonia da vida na Terra.

Aqueles que continuamente tomam do mundo estão levando o tipo de vida mais egoísta. Esse tipo de pessoa é chamado de ladrão por Krishna no *Bhagavad Gita*. O egoísmo de uma pessoa é prejudicial à natureza e a todos, incluindo a si mesma. O egoísmo é como continuar a comer, mas se recusar a evacuar. A riqueza abundante pode reduzir a vida de uma pessoa da mesma forma que a pobreza absoluta.

Pelo menos uma pequena parcela de ajuda deve ser ofertada aos outros e à natureza. Nós raramente nos damos ao trabalho de fazer qualquer coisa nesse sentido. Simplesmente dizemos: "Deus tomará conta disso." Não queremos doar nada de nós mesmos. Enquanto estivermos fechados a dar aos outros, estaremos impedindo que o fluxo da graça de Deus venha em nossa direção.

A Amma diz que se tudo que fizermos vinte quatro horas por dia for para nosso próprio interesse, devemos pelo menos tentar passar algum tempo orando pela paz e pelo bem-estar dos outros seres. Sempre que houver uma oportunidade para que ajudemos os outros fisicamente, com nossos talentos, financeiramente ou de qualquer outra maneira, é sempre bom fazê-lo.

A Amma fala com freqüência sobre o esforço e a graça. A graça de Deus é o elemento mais importante para se obter os resultados desejados de nossos esforços. Ela dá o exemplo de dois candidatos que comparecem a uma entrevista para um único cargo. Ambos têm as mesmas qualificações e ambos respondem às perguntas corretamente durante a entrevista. Qual deles será selecionado? Somente um será escolhido, a pessoa que for capaz de conquistar a afinidade do entrevistador. O que é que ajuda alguém a gerar essa consideração no coração da outra pessoa? É a graça de Deus. É por essa graça que algumas vezes vemos pessoas que podem não ter se saído bem em uma entrevista terem sucesso, enquanto outras que responderam as perguntas corretamente não são selecionadas.

Nos jogos de críquete, vemos sempre que o arremessador começa a ficar nervoso quando está para marcar uma centena de pontos. Nessa situação, às vezes até mesmo os piores rebatedores conseguem fazer uma defesa difícil , enquanto que, em outras vezes, vemos bons rebatedores perdendo uma bola simples. Quem pode explicar por que isso acontece? A Amma diz que é a graça que completa nossos esforços. Precisamos reconhecer que a graça é um elemento de importância vital em nossas vidas.

Sabendo que precisamos da graça de Deus, é também importante realizar nossas ações no momento apropriado. Imagine que você tenha um filho muito querido e não agüente vê-lo chorar ou ficar triste. Aos quatro ou cinco anos, você terá que mandá-lo para a escola. Sabemos que a maioria das crianças não quer ir para a escola e que muitas delas choram durante dias até se acostumarem. Assim, seu filho também chora e você fica muito triste com isso porque não consegue suportar ver as lágrimas da criança. Mesmo assim, você não pensará: "Talvez eu deva esperar até que ele tenha quinze anos. Aí então ele entenderá porque precisa ir para a escola e não irá chorar." Essa seria uma decisão sensata? Adiar a ida à escola irá ajudar seu filho de alguma forma? Ninguém esperaria até que uma criança atingisse a maturidade para matriculá-la no maternal. Colocamos nossos filhos na escola com cinco ou seis anos, chorando ou não, porque sabemos pela experiência que o sofrimento que a criança está experimentando no momento é apenas para seu próprio bem e que deve ir para a escola na idade certa. Da mesma forma, para cada esforço que fazemos em nossas vidas, há um tempo certo.

Se semearmos fora da estação, por exemplo, durante as monções, será difícil conseguir uma boa colheita porque todas as sementes serão levadas pelas chuvas fortes. Mais uma vez, se nos faltar a graça de Deus, não obteremos o resultado desejado, mesmo que coloquemos todos os esforços necessários no momento apropriado. Por exemplo, podemos semear no momento certo, cuidar bem das plantações e adicionar somente a quantidade correta de adubo e água, mas se uma enchente ou furacão ocorrer no momento da colheita, todos os nossos esforços serão em vão. Assim, a graça de Deus é o fator mais importante.

## Mestres e avatares

Quando é o melhor momento para invocar a graça de Deus? As escrituras dizem que é quando um mestre realizado está vivendo entre nós. Os *mahatmas* vêm ao mundo por sua imensa compaixão e somente com a intenção de nos ajudar.

Há uma história sobre porque esses avatares vêm a esse mundo. Certa vez, um grupo de pessoas estava viajando para uma cidade atravessando uma densa floresta. Infelizmente, a viagem levou mais do que o esperado, e logo começaram a ficar sem comida. Durante dois ou três dias continuaram a caminhar sem qualquer alimento. Finalmente, chegaram a um muro alto em uma área fechada. Queriam saber o que havia do outro lado do muro, e um deles escalou o muro com a ajuda de um companheiro.

Quando o homem viu o que havia, exclamou: "Oh, meu Deus!" e pulou para o outro lado sem dizer nada aos outros que estavam esperando para escutar o que ele havia visto. Os outros continuaram a esperar achando que ele voltaria, mas isso não aconteceu.

Enviaram uma segunda pessoa, que também disse: "Meu Deus!", pulou e nunca voltou. Mandaram uma terceira pessoa para descrever o que havia do outro lado. Imploraram-lhe para não fazer o que os outros haviam feito. "Por favor, volte e conte-nos o que há", disseram, e a ajudaram a escalar o muro. Quando olhou sobre o muro, o homem sorriu e disse: "Oh, é incrível! É maravilhoso! Esperem!" Após dizer isso, pulou para o outro lado, mas, como os outros antes dele, também não voltou. Ele pensou: "Qual é a pressa? Vou aproveitar isso por algum tempo!"

O que eles encontraram do outro lado do muro foram lindas árvores frutíferas, uma fonte agradável e uma comida maravilhosa. Estavam tão famintos que simplesmente pularam e se entupiram de comida até não conseguirem mais se mover. Assim, como poderiam escalar novamente o muro?

Antes de escalar o muro, a quarta pessoa decidiu que, com certeza, voltaria. Pulou, comeu um pouco e voltou para contar aos outros sobre o alimento delicioso e ajudou-os a escalar para que também pudessem aproveitar.

Diz-se que a bem-aventurança da intoxicação de Deus é tão grande que, aqueles que provam dela, nunca querem retornar ao mundo, como as três primeiras pessoas que viram toda aquela comida e se fartaram, nunca desejando voltar. Pessoas como a Amma fazem um *sankalpa*: "Eu não mergulharei completamente naquela bem-aventurança. Eu voltarei. Inúmeras pessoas estão sofrendo no mundo e outros buscam a Verdade. Eu tenho que ajudá-las." Assim, quando deixam o corpo, fazem um *sankalpa* de voltar ao mundo para ajudar e orientar os outros na direção daquela bem-aventurança. A Amma disse muitas vezes que está pronta a assumir qualquer número de vidas para o bem de Seus filhos.

Dessa forma, precisamos nos lembrar de um ponto importante: nascemos por causa de nosso carma, mas o nascimento de um avatar como a Amma acontece somente por causa de Sua imensa compaixão por nós.

Há a história de Dattan, o leproso mencionado anteriormente nesse livro, que visitava o *ashram*. Em Sua ilimitada compaixão, a Amma costumava lamber as feridas de Dattan durante os *darshans* de *Devi Bhava*. Isso vai além da compreensão de qualquer ser humano. Ninguém poderia jamais imaginar fazer uma coisa assim. Diz-se que a saliva de um ser divino tem poder medicinal. Ainda assim, se quisesse, a Amma poderia ter aplicado Sua saliva nas feridas dele com os dedos, mas não. Ao invés disso, lambia as feridas. Ninguém podia nem mesmo suportar olhar, era uma visão horrível. Algumas pessoas que viam a Amma fazer isso desmaiavam dentro do templo. Alguns devotos simplesmente saíam do templo quando a Amma dava o *darshan* a Dattan. Muitas pessoas não queriam receber o *darshan* após Ela tê-lo dado a Dattan, com medo de serem infectadas pela lepra. Essa cena pode ser vista em um dos vídeos da vida da Amma. Provavelmente nunca se escutou falar de alguém que lambesse as feridas de um leproso, nem mesmo em histórias. Entretanto, aqui está um exemplo vivo disso diante de nós.

Quando perguntei à Amma: "Como pôde lamber as feridas de Dattan? Não era repugnante?" Sua resposta surpreendeu-me.

"Foi apenas uma expressão espontânea da Minha compaixão por ele." Em seguida, Amma perguntou-me: "Se você tivesse uma ferida infectada em sua mão, o que faria? Cortaria sua mão?"

Respondi que não.

"Por quê?" Amma perguntou.

"Porque é minha mão," eu disse. "Como poderia cortar minha mão? Eu tentaria curá-la."

Então, Amma disse: "Da mesma forma, Eu não sou diferente daquele leproso. Eu sou ele. Ele é Eu. Em outras palavras, Eu estou nele e ele está em Mim."

É por essa razão que se diz que os *mahatmas* têm uma consciência cósmica ou universal. Quando a Amma disse que Ela não é diferente de Dattan o leproso, estava expressando a mais alta verdade. Uma pessoa divina é definida como alguém que pode ver seu próprio Ser

Superior em todos e todos em seu próprio Ser Superior. É por isso que a Amma pode ser tão misericordiosa e amorosa com todos os seres.

## Um mestre é como a primavera

Quando um mestre como a Amma está vivendo entre nós tão prontamente disponível, é fácil receber a Sua graça com um pouco de esforço. A Amma diz: "Se você der dez passos em minha direção, estou pronta a dar cem passos na sua direção. Mas você precisa pelo menos dar esses dez passos!"

Se conseguirmos algo sem esforço, não seremos capazes de apreciar seu valor. Será um desperdício, como dar pedras preciosas a crianças pequenas. Aos olhos da Amma todos são iguais. Se fizermos um esforço sincero, definitivamente receberemos a Sua graça. As escrituras dizem: *"Brahmavid brahmaiva bavathi."* Isso significa: "Aquele que realizou Brahman torna-se Brahman." Essa é uma das grandes afirmações dos Upanixades. É por essa razão que se diz que aquilo que recebemos de uma pessoa realizada em Deus está realmente vindo de Deus

Por outro lado, aquilo que sai de nós é o produto de nossos amores e desafetos, nosso ego etc., por isso não podemos alegar que vem de Deus. Os *mahatmas* são isentos de ego, portanto não pensam em si mesmos como pessoas individuais. São incapazes de agir de forma egoísta.

No momento, nós não somos capazes de fazer isso. Podemos amar nossos próprios filhos, mas não necessariamente amamos os filhos do vizinho. Amamos os membros de nossa família, nossos amigos e nossos compatriotas, no entanto seria difícil para nós amar os outros com essa mesma paixão e sinceridade.

Mas os *mahatmas* estão sempre sintonizados com a Consciência Universal e podem ver essa Consciência em tudo. Isso é perfeitamente claro na vida da Amma e em Suas palavras. Quando a Amma dá *darshan*, podemos ver que não demonstra nenhuma diferença entre bonitos e feios, ricos e pobres, indianos e estrangeiros. Quando atende uma pessoa deficiente ou sofrendo, podemos ver mais de Seu amor e compaixão sendo expressos, mas isso não significa que Ela dê mais valor a essas pessoas e menos às outras. Isso mostra somente que Ela está dando a cada pessoa o que ela necessita. O grande Adi Sankaracharya disse que cada mestre é como a primavera. No inverno, especialmente nos países do hemisfério norte, é muito frio, o sol se põe cedo trazendo noites longas, as árvores parecem mortas com as folhas caídas, e as pessoas tendem a ficar dentro de suas casas. Até mesmo os pássaros não cantam muito. Em algumas partes do mundo, o inverno é tão longo que as pessoas ficam muito deprimidas. Depois do inverno vem a primavera e, quando ela chega, tudo ganha uma nova vida. As plantas começam a crescer e a brotar, novas folhas surgem nas árvores, e os pássaros cantam alegremente. Há sol por um período maior do dia, as pessoas saem e são mais ativas e sua depressão desaparece.

Os grandes mestres são como a primavera, pois dão alegria aos outros com sua presença, graça, amor incondicional e compaixão. Aqueles que já passaram algum tempo com a Amma podem relatar esse fato perfeitamente. Nunca há um momento de tédio perto da Amma. Muitas pessoas que A visitam com o coração pesado, partem com um sentimento de grande alívio, satisfação e força. Da mesma forma como o frio é a natureza da água e o calor é a natureza do fogo, o amor incondicional e a compaixão transbordante são a natureza dos seres divinos. Eles também são capazes de acender a chama do amor e da compaixão nos corações daqueles com quem entram em contato. Assim, despertam sentimentos de amor, alegria e animação naqueles que estão em volta.

Muitas pessoas sentem-se como se tivessem nascido novamente, sentem uma vida totalmente nova quando vêem a Amma. Aqueles que vêm convivendo com a Amma podem definitivamente atestar isso. Estar na companhia da Amma é uma enorme felicidade; uma sorte rara. Mesmo se não temos todos os requisitos dos bons aspirantes espirituais, ainda assim, pela compaixão da Amma, recebemos mais do que merecemos.

Se a Amma exigisse qualificações para nos abençoar, poucos de nós receberíamos Suas bênçãos. A Amma diz que se Ela tivesse que excluir alguém de Seu amor e bênçãos ou rejeitar aqueles que não são puros ou bons, isso seria como construir um hospital de alta especialização e colocar uma placa dizendo: "Não é permitida a entrada de pessoas doentes".

Embora muitos de nós tenhamos experienciado muitas vezes a grandeza da Amma, tendemos a julgá-La e avaliá-La segundo nossos padrões intelectuais limitados. Como a Amma está encarnada em um corpo humano como o nosso, temos uma tendência natural de pensar na Amma como uma pessoa comum. Talvez tenhamos lido histórias e incidentes maravilhosos sobre Ela, mas não podemos compreender quem Ela é realmente.

A Amma diz que os *mahatmas* são como enormes icebergs. Somente o topo deles é visível para nós, acima da superfície da água. Ao ver isso, a pessoa pode achar que viu ou compreendeu a magnitude do iceberg. Mas aquela pessoa vê somente a diminuta fração da enorme massa de gelo submersa na água. Da mesma forma, podemos perceber somente uma parte infinitesimal da grandeza da Amma. A maior parte de Sua grandeza está oculta para nós.

A Amma conta uma história interessante: Em uma floresta havia um rato. Certo dia, procurava alguma coisa freneticamente. Chegou a um lago em que um enorme elefante se banhava. Assim que viu o elefante, o rato parou e gritou: "Hei, elefante, saia da água!" No início, o elefante nem notou o rato; afinal de contas, um elefante é um animal tão grande e um rato é pequeno. Assim, o elegante fingiu não ter escutado o rato. Insistente, este continuou a gritar: "Hei, elefante, saia da água!" Finalmente, relutante, o elefante saiu. Assim que o elefante pisou fora do lago, o rato gritou novamente: "Já basta. Agora você pode voltar para a água!"

O elefante ficou muito zangado e perguntou ao animal: "Então, por que me pediu para sair?"

O rato respondeu: "Perdi minha sunga e só queria saber se você a estava usando!"

Há alguns anos, um grupo de devotos de Chennai visitava o *ashram*. Eu estava falando sobre a Amma com eles. Muitos devotos do grupo se perguntavam como a Amma poderia dar o *darshan* a tantas pessoas todos os dias. Eu lhes disse que embora Amma tenha um corpo humano como o nosso, Ela está, na verdade, além do corpo. Acrescentei que Ela só está usando o corpo humano para interagir conosco. Um dos membros do grupo não concordou comigo sobre isso. Ele não estava nada convencido. Quanto teve uma oportunidade de conversar com Ela, perguntou: "É verdade que os *mahatmas* estão além do corpo?" Amma sorriu e disse: "Sim, é verdade." Mas, ainda assim ele não parecia convencido.

Um pouco mais tarde o grupo de Tamil Nadu e alguns dos *ashramitas* estavam sentados em torno da Amma conversando com Ela. Repentinamente, o homem exclamou: "Onde está a Amma? O que Lhe aconteceu?"

Ficamos surpresos porque podíamos perfeitamente vê-La sentada diante de nós. Achamos que estava louco. Perguntamos a ele: "Qual é o problema? Do que você está falando?"

Ele não conseguiu falar durante algum tempo. Finalmente, maravilhado e surpreso, conseguiu explicar que o corpo da Amma tinha desaparecido de repente diante dele, e, em seu lugar, vira uma massa de luz brilhante. A luz brilhou cada vez mais até cegá-lo. Enfim, a luz desapareceu, e a forma da Amma reapareceu. Essa experiência convenceu aquele homem, que tinha sido cético, que a Amma não é o corpo.

Esse é o momento certo para oferecermos nosso esforço e orar e trabalhar para a graça da Amma. Devemos começar nossas práticas espirituais agora, sem perda de tempo. Cada segundo passado está perdido para sempre. Não há dinheiro ou ação que possa recuperá-lo.

Escutei uma história destacando a importância de não postergar nossos esforços. Karna era um rei muito conhecido por sua caridade. Por ser tão generoso, ele nunca conseguia dizer não a uma pessoa. Uma noite, um velho chegou ao palácio de Karna fazendo um pedido. Como naquele momento Karna estava comendo, os guardas impediram que o homem entrasse. O velho não desistiu, se recusou a partir até que lhe fosse permitido ver o rei e disse: "Conheço o rei, se ele me vir, com certeza me ajudará." Como não havia forma de se livrar do homem, um dos guardas foi até Karna e informou-lhe sobre a situação.

Karna ordenou ao guarda que lhe trouxessem o homem imediatamente e disse a outro guarda para que lhe trouxesse de seu tesouro qualquer coisa que a pessoa quisesse. Quando o guarda chegou com algumas jóias valiosas, Karna, que estava comendo usando a mão direita, pegou-as com a esquerda e deu-as rapidamente ao idoso. Alguns ministros jantavam com o rei e quando o viram agir assim, espantaram-se: "Porque o rei está agindo assim?"

Um dos idosos entre eles disse: "Sua Majestade, o que está fazendo? Se estiver dando em caridade, deve usar a mão direita. Ademais, esse velho homem é um brâmane".

Na Índia, é costume não usar a mão esquerda para fazer boas ações. Os indianos, como regra, usam somente a mão direita (embora existam alguns canhotos), principalmente ao oferecer algo a Deus, ou quando praticam caridade, especialmente a um brâmane. Karna disse aos ministros: "Vocês sabem, minha mente é trapaceira. Eu não sei o que ela pensará no próximo momento. Agora, eu sinto que devo ajudar o homem. Se esperar um minuto para lavar minhas mãos, minha mente pode me enganar dizendo: 'Por que devo considerar ou ajudar esse homem idoso nessa hora estranha? Vou deixá-lo esperando ou fazê-lo voltar um outro dia.' Por isso, não devo postergar isso. Eu tenho que fazer agora, porque o próximo momento não está sob meu controle. Pode ser meu último suspiro ou o outro pode morrer ou posso perder minha posição de rei ou ele pode mudar de idéia e partir. Qualquer coisa pode acontecer. Por isso dei-lhe as jóias imediatamente."

Da mesma forma, nossas mentes não estão sob nosso controle. Ao invés de nossa mente obedecer a nós, nós estamos obedecendo a nossa mente. Sempre que tiver vontade de fazer algo bom, faça-o imediatamente. Se adiar, talvez nunca aconteça. Você pode adiar as coisas ruins; não haverá nenhum problema nisso. Nesse contexto, a Amma conta uma história divertida.

Havia um macaco muito inteligente que vivia em uma grande árvore perto de um templo. Muitos devotos visitavam o templo e, desde cedo até a noite, sentavam-se sob a árvore e jejuavam como parte de seu ritual. Após observar isso por certo tempo, o macaco pensou: "Para agradar a Deus, todos se sentam sob essa árvore sem comer. Porque também não faço isso? Talvez Deus me abençoe e eu possa ficar famoso como *Hanuman* (o deus macaco) que até mesmo os humanos cultuam." Pensou sobre isso durante alguns dias e finalmente decidiu começar seu jejum em um dia de bom augúrio. No dia anterior, ele havia se lembrado: "Amanhã é dia de jejuar, não se esqueça!"

Quando a noite chegou, o macaco começou a ficar amedrontado e pensou: "Eu nunca jejuei em minha vida. Estou acostumado a comer sempre e amanhã estarei jejuando durante todo o dia. Posso ficar muito cansado e tonto. Talvez eu nem consiga caminhar. Infelizmente, não há frutos nessa árvore e para consegui-los, eu talvez tenha que fazer um longo trajeto." Assim, continuou a pensar: "Talvez eu fique tão fraco com meu jejum que não poderei alcançar as árvores frutíferas sem desmaiar no caminho. Talvez seja melhor ficar perto das árvores com frutas enquanto jejuo."

Por isso, foi dormir sob uma árvore que tinha muitos frutos. No meio da noite, o macaco acordou com um pensamento. "Amanhã é meu dia de jejuar e ficarei muito cansado quando terminar. E se eu não conseguir subir na árvore? Essa árvore é realmente alta... e se eu cair enquanto estiver subindo para apanhar a fruta, já que poderei estar realmente cansado e fraco após o dia todo jejuando? Seria melhor subir e sentar em um galho, assim não terei que ir muito longe para conseguir uma fruta."

Quando já estava no galho, voltou a dormir, mas acordou novamente com um sobressalto. "E se eu não conseguir nem esticar meu braço? Acho que vou pegar algumas frutas agora e mantê-las no meu colo. Colheu algumas frutas, colocou-as no colo, mas aí a tentação foi demais. O macaco pensou: "Ainda é madrugada. Até a noite eu poderei ficar muito fraco por causa do jejum e talvez eu não possa levantar a fruta para levá-la à minha boca para mastigar. Que infelicidade seria morrer com uma fruta madura no colo. Não há muita distância entre o colo e o estômago. Assim, vou mantê-las no meu estômago ao invés do meu colo. Talvez eu possa jejuar no próximo dia de bom agouro. Vou deixar esse dia passar como os outros." Dizendo isso, o macaco devorou a fruta.

Não é preciso dizer que ele nunca conseguiu jejuar.

Não nos permitamos ser como o macaco da história. Todos nós temos a sorte de ter a Amma conosco. Sem adiar, vamos fazer todos os esforços para avançar no caminho espiritual. A presença da Amma levará nossa prática rapidamente ao resultado. Por Sua humildade, talvez a Amma não diga a todas as pessoas: "Eu estou aqui. Se fizer apenas um pequeno esforço no caminho espiritual, Eu lhe darei resultados rápidos." Ao invés disso, Ela indiretamente sugere: "Cave um poço ao lado de um rio e você rapidamente conseguirá água."

# Capítulo 15

# A purificação da mente

## Sacrifício, caridade e austeridade

As escrituras dizem que precisamos fazer três coisas todos os dias para purificar a mente e tornar a vida produtiva. Sri Krishna as classificou no *Bhagavad Gita* como *yagna, danam* e *tapas.*

A primeira categoria é *yagna* ou a adoração sem expectativa de ganho pessoal. A segunda é *danam* (caridade) que é doar as coisas às quais nossa mente tem mais apego. A terceira é *tapas* (austeridade), que é fazer um esforço consciente e contínuo para nossa elevação espiritual. Krishna também diz que essas ações devem ser realizadas sem apego aos resultados.

*Yagna* significa adoração ou orar a Deus simplesmente por gratidão, sem esperar qualquer favor. Afinal de contas, devemos nossa própria vida a Deus. Para expressar nossa gratidão e reconhecimento, a Amma diz que devemos adorar a Deus. Isso pode assumir diferentes formas como recitar os 108 ou os mil nomes, repetir um mantra, meditar, cantar *bhajans* ou ler textos sagrados.

Qualquer atividade desinteressada coletiva, seja de serviço ou de adoração, pode ser chamada de *yagna.* Nos tempos antigos, os grandes reis e *rishis* costumavam realizar vários *yagnas* em que doavam parte de sua fortuna e sabedoria à caridade. Quando a Amma realiza um *puja* coletivo, isso é uma versão moderna de um *yagna.*

Qualquer atividade de serviço coletivo feita com a orientação de um mestre nos ajuda a eliminar nosso ego. A Amma dá um exemplo pertinente de como pedras com bordas pontiagudas são colocadas em um tambor e agitadas rapidamente para que suas arestas sejam arredondadas e elas se tornem lisas e polidas. Da mesma forma, trabalhar em conjunto em um *ashram* dá muitas oportunidades aos nossos egos de friccionarem-se entre si e, nesse processo, serem modelados e suavizados. Essa é a importância de ficar em um *ashram* e praticar *seva* nesse ambiente, especialmente na presença de um mestre.

A segunda categoria é a caridade (*danam*). Se você puder, deve ajudar os outros financeiramente. Por exemplo, se conhecer algumas crianças que não podem receber educação por falta de dinheiro, ou se conhecer órfãos ou pessoas necessitadas, você pode ajudá-las financeiramente. No entanto, a Amma diz que a doação não precisa ser apenas na forma de dinheiro. Se não lhe for possível dar ajuda financeira, você talvez tenha alguma habilidade ou talento que possa ser usado para ajudar aos outros. Se for forte, poderá fazer algum serviço em um templo, igreja, hospital ou um lar para idosos. Segundo as escrituras, dar o conhecimento como caridade (*jnana danam*) é a mais alta forma de benevolência, porque sempre permanecerá com aquele que recebe. Se, ao invés de dar dinheiro, ensinarmos às pessoas como fazer dinheiro, isso não será melhor? Assim, a caridade pode assumir a forma de nossas habilidades, talentos, força física, dinheiro ou conhecimento.

O que damos tem uma grande importância. Deve ser algo útil para quem recebe. Dar algo inutilizável em nome da caridade não é mérito algum. A atitude com a qual damos é também muito importante. As escrituras dizem: "Quando você dá algo, deve ter uma determinada postura mental. Primeiramente, deve ter um desejo de dar ainda mais e sem esperar nada em troca. Em segundo lugar, você deve tomar cuidado para não se tornar egoísta ou ter orgulho porque doa. Devemos doar com um sentimento de modéstia, com a atitude de que aquela oferta é pouca e que há outras pessoas que dão ainda mais. Finalmente, devemos dar sabendo que estamos dando ao próprio Ser Superior, pois há somente uma única consciência que a tudo permeia".

Que melhor exemplo sobre a arte de dar precisamos do que a Amma? A Amma sempre diz que quer ajudar um número de pessoas cada vez maior. Ela nunca se orgulha daquilo que faz porque, para Ela, todos nós somos Seus filhos – e uma verdadeira mãe não se orgulha por ajudar os filhos; simplesmente fica feliz em fazê-lo. Assim, na Amma vemos a atitude de doação ideal.

A Amma diz que a caridade é uma forma de expressar nossa gratidão a Deus. Devemos ser gratos a Ele por nos dar oportunidades para servi-Lo de várias formas e não devemos ter orgulho de nossos atos de caridade. Se nossos serviços não são apreciados ou valorizados, não devemos considerar as pessoas ingratas ou que não nos concedem a honra devida. Essa atitude não ajuda o nosso crescimento espiritual. Nossa intenção deve ser somente de ajudar aos outros o máximo possível, sejam as pessoas gratas ou não.

A terceira categoria é *tapas* (austeridades). Antigamente, as pessoas faziam austeridades severas, como ficar de pé apoiando apenas em uma perna por horas ou mesmo dias a fio, sentar à chuva ou ao sol por vários dias, sentar em uma cama de pregos ou jejuar por um longo período. Esses atos de austeridade eram feitos para obter poderes ocultos, ultrapassar as limitações físicas, controlar a mente ou obter a visão de Deus. Atualmente, esses *tapas* são impensáveis porque ninguém tem disposição para fazer esse tipo de penitência. Até mesmo alguns tipos simples de práticas espirituais como meditar regularmente de manhã ou à noite, ou recitar os Mil Nomes da Divina Mãe todos os dias são um tipo de *tapas*, tendo em vista o ritmo da vida moderna e nossa dependência de tantos objetos e aparelhagens.

A palavra *tapas* literalmente significa "criar calor". As práticas espirituais que criam calor devido à fricção ou à oposição de forças dentro da mente podem ser chamadas de *tapas*. Empenhar-se por algo bom também é *tapas*. Cultivar bons hábitos como controlar a raiva, ser paciente, não julgar os outros e não encontrar erros nos outros exige muita luta interna. Isso ocorre porque não estamos acostumamos a praticar essas qualidades positivas e, ao mesmo tempo, permitimos que as qualidades negativas surjam e se desenvolvam à vontade. Quando resolvemos desfazê-las, naturalmente há muita luta.

Um homem tinha o hábito de tomar café às sete da manhã e, em seguida, meditar. Um dia, sua esposa achou que já havia servido o café matinal ao marido e foi se ocupar dos outros afazeres domésticos. O marido ficou esperando muito chateado. Adiou a meditação e esperou pelo café até às sete e meia, depois até às oito, oito e meia, mas a esposa não o servia. Finalmente chegou a hora de sair para trabalhar e ele perdeu sua meditação. Ao invés de esperar que a esposa lhe levasse o café, ele mesmo poderia tê-lo preparado! Ou então, ele não poderia ter meditado e bebido o café depois? Ao invés de esperar pelo café, o homem poderia ter começado a meditar, mas, nesse caso, a meditação não poderia ser sobre o café! Tenho certeza de que fazer coisas diferentes das usuais (esperar que a esposa o servisse) teria sido um verdadeiro esforço. O homem teve uma oportunidade para praticar o espírito de *tapas*, mas a perdeu.

Vamos pegar o caso do hábito de tomar banho de manhã cedo. Se não tivermos água quente, especialmente durante o inverno, é *tapas* tomar um banho matinal. Tomar um banho de manhã nos ajuda a nos sentir frescos e limpos, e por isso é bom fazê-lo antes da meditação matinal e de outras práticas espirituais. Infelizmente, por causa da preguiça e da relutância em acordar cedo, a mente dará muitas razões para evitar o banho.

A Amma diz que podemos começar a praticar *tapas* com coisas simples, como quebrar o hábito de tomar café, criar o hábito de tomar um banho de manhã ou esperar para comer somente após recitarmos o 15° capítulo do *Bhagavad Gita*. As austeridades são um instrumento valioso que podemos usar para disciplinar a mente. A Amma diz que todos nós devemos praticar algum tipo de *tapas* em nossas vidas, mesmo tendo uma família. Quando um bebê chora e não sabemos a razão do choro, acalmá-lo é uma forma de *tapas*.

Vocês já devem ter ouvido falar do sistema de medicina ayur-védica. Além dos remédios em si, a disciplina que devemos seguir após sermos tratados é também muito importante. Alguns alimentos devem ser evitados para que o tratamento tenha o efeito desejado. Às vezes podemos não gostar das restrições dietéticas que o médico nos prescreveu, mas se quisermos nos beneficiar do tratamento, teremos que seguir os conselhos médicos. Da mesma forma, se realmente desejamos conseguir o benefício completo de nossas práticas espirituais, é importante praticar o sacrifício, a caridade e a austeridade.

## O valor da paciência

Há alguns anos, uma mulher foi visitar a Amma na Bélgica. A mulher tinha muitos problemas físicos e chorava enquanto esperava na fila do *darshan*. Após o *darshan*, a Amma pediu-lhe que sentasse ao Seu lado. Eu estava traduzindo para Ela naquele momento. Após algum tempo, quando a mulher quis voltar para casa, pediu-me para conseguir um *prasad* da Amma. Pedi a Ela, mas foi como se não notasse ou nem mesmo me escutasse. Pedi-Lhe novamente, mas não respondeu. Finalmente, reunindo minha coragem, pedi-Lhe uma terceira vez. "Amma, essa senhora quer um *prasad*." A Amma pediu-me para ficar quieto.

A essa altura, a senhora já estava realmente impaciente. Parecia agitada e disse: "*Swami*, por favor, dê-me o *prasad*. Tenho que ir embora." Eu não tive coragem de pedir à Amma novamente. A mulher esperou mais alguns minutos e partiu sem o que queria.

Cinco minutos mais tarde, a Amma voltou-se para mim e deu-me o *prasad* (cinza sagrada) para a senhora. Eu Lhe disse que ela já havia partido, e a Amma respondeu: "Oh... isso teria resolvido os problemas dela."

Fiquei muito triste porque se a senhora tivesse esperado só mais cinco minutos seus problemas teriam sido resolvidos. Ela era tão impaciente. Na presença de um mestre como a Amma, a impaciência e outras atitudes negativas podem nos custar muito caro. Felizmente, ela voltou no dia seguinte para o *Devi Bhava*. Imediatamente fui até ela e lhe disse: "A senhora não deveria ter partido tão cedo. Cinco minutos depois que saiu, a Amma deu-me o *prasad*. Na próxima vez que vier, tente ser paciente e passar mais tempo com a Amma." Nessa, ela recebeu o *prasad* da Amma e, quando a encontrei no ano seguinte, soube que sua saúde tinha melhorado.

Após encontrar a Amma e estar em Sua presença, muitos de nós experimentamos uma amostra do estado de calma e tranqüilidade que nossa mente pode alcançar. Isso nos ajuda a apreciar o valor da Auto-Realização. Como queremos permanecer nesse estado de paz, nos sentimos inspirados a superar nossas atitudes negativas. Desenvolvendo boas qualidades como a paciência, a tolerância e a indulgência, a mente fica calma e pura. Essa pureza da mente nos ajudará a ter experiências espirituais profundas e, no final das contas, nos preparará para a Auto-Realização.

## A adoração dos pés do guru

Assim como nuvens ocultam o Sol, no momento, nosso Ser Superior está obscurecido pelo ego e por outras negatividades, mas a Amma pode nos purificar. Ela é uma purificadora de corações. Quando oferecemos nosso ser, que é coberto pelo ego e pelos apegos, ele passa através do "purificador da Amma" e volta para nós como o puro Ser Superior. Normalmente, quando as pessoas se prostram à Amma, Ela toca suas cabeças e as abençoa. Isso significa que quando oferecemos algo com amor e humildade aos Seus pés de lótus, isso volta para nós como bênçãos. É um círculo perfeito.

Muitos leitores podem se perguntar por que cultuamos os pés do guru. Alguns podem perguntar por que não cultuamos a cabeça. A cabeça não é a parte mais importante do corpo?

Cultuar os pés do guru é uma forma simbólica de adorar o conhecimento supremo e a Verdade, porque os mestres estão estabelecidos no conhecimento do Ser Superior, a Verdade eterna. Seus pés representam a base sobre a qual se erguem ou o solo no qual estão fundamentados. Essa base é *Atma Jnana* ou o conhecimento do Ser Superior. Assim, quando nos prostramos aos pés da Amma, estamos simbolicamente cultuando o conhecimento do Ser Superior, a Verdade que sustenta toda a criação.

Quando nos prostramos diante desses grandes mestres, ficamos silenciosos com respeito e admiração. Sentimos que somos totalmente insignificantes. É parecido com ficar diante das grandes montanhas do Himalaia. Ao ver a altura dessas montanhas, ficamos silenciosos e humildes.

Quando nos prostramos diante dos pés do mestre, isso representa nossa humildade e entrega. O verdadeiro espírito de humildade e entrega pode criar a disposição de espírito apropriada para receber a graça e os ensinamentos do guru. Em retorno, o guru nos transforma em alguém como Ele ou Ela. Essa é a grandeza do guru. Na vida mundana, ninguém quer que um subordinado tenha um status igual ao seu, mas um mestre é diferente. O mestre quer que todos seus discípulos alcancem o mesmo estado de Auto-Realização que ele experimenta. Isso ocorre porque o amor do mestre é abnegado. Seu amor não se baseia em condições ou qualificações do discípulo. Não há nada no mundo que se compare ao seu amor.

## Gratidão

Como devotos, somos gratos à Amma. Ela mudou nossas vidas radicalmente. Sua influência vai da forma como cumprimentamos nossos amigos, a nossos hábitos alimentares até o crescimento emocional e espiritual que vivemos. Agora, quando nos vemos, não dizemos: "Oi" ou "Alô". Dizemos: "*Namah Shivaya*". Esta forma de saudação carrega um significado importante: "Eu me prostro diante do Auspicioso (dentro de você)." Dizer isso nos ajuda a contemplarmos o único e mesmo Deus em todos os seres humanos. Sentimos a presença da Amma em cada aspecto de nossas vidas e nas mudanças que Ela provoca em nós. Podemos ou não ter mudado nosso estilo de vida, mas nossas atitudes e a nossa perspectiva sobre a vida mudaram muito. Acima de tudo, a Amma nos deu um vislumbre de nosso próprio Ser Superior.

Embora a Amma não espere que Lhe sejamos gratos, sentir essa gratidão nos ajuda a sintonizar com Ela e a permanecer abertos a Sua graça e bênçãos. Essa gratidão significa estarmos conscientes de cada pequeno ato de bondade que Dela recebemos, bem como do mundo. Quando sentimos uma gratidão sincera por alguém, o ego está no processo de redução. Diz-se que a gratidão é a forma de atrair a graça da misericórdia de Deus e do perdão para nós mesmos.

Quando sentimos gratidão por alguém, não há necessidade de comparar o que fizemos para aquela pessoa com aquilo que ela fez por nós. Após ter feito algo bom, esqueça. Lembre-se somente das coisas boas que os outros fizeram para você. O ego pode se insinuar mesmo quando fazemos coisas boas; assim, é preciso evitar considerar o bem que fazemos aos outros e, da mesma forma, é necessário não esquecer o bem que recebemos dos outros. A meta final de todas as nossas práticas espirituais é eliminar o ego.

Lembro-me de uma história sobre um sacerdote. Um dia, ele viveu uma experiência especial e foi abençoado com a graça de Deus. Naquela noite, em pé diante do altar, rezou: "Oh Senhor, eu Lhe sou profundamente grato. Sua compaixão e graça são tão grandes. Eu não sou nada. Sou somente uma criatura insignificante em Sua presença."

Enquanto rezava, o velho zelador escutou suas palavras. Ele também começou a rezar em voz alta: "Oh Senhor, eu não sou coisa alguma. Sou uma criatura insignificante sobre quem o Senhor derramou Sua compaixão."

Quando o sacerdote escutou a oração, ficou muito perturbado e pensou: "Olhe só quem acha que também é insignificante e não é nada! Ele tem a presunção de pensar que é igual a mim!"

O ego é muito sutil. Ele nos faz pensar que somos a pessoa mais destituída de ego no mundo. O que o sacerdote sentia não era gratidão, era somente uma máscara do seu ego.

Há uma história sobre um menino que caiu em um rio, mas que não sabia nadar. Embora lutasse contra a forte correnteza e tentasse voltar à margem, não conseguia avançar e parecia que ia se afogar. Vendo seu problema, um homem que era um grande nadador pulou nas águas revoltas e salvou o menino. Quando estava são e salvo na margem, o menino expressou sua gratidão sincera: "Muito obrigado por salvar minha vida".

"Você não precisa me agradecer", respondeu o homem. "Basta que faça com que sua vida tenha valido a pena ser salva."

Da mesma forma, a Amma não quer nossos agradecimentos. Ao invés disso, devemos expressar nossa gratidão à Ela por meio de nossas ações, palavras e pensamentos. Somente então poderemos compensá-La, pelo menos em parte, pelo que Ela está fazendo por nós e pelo que tem nos dado.

# Capítulo 16

# A vassoura do mundo

## Varrendo nossas mentes

Em 29 de agosto de 2000, quando a Amma deixou a Assembléia-Geral das Nações Unidas, após ter proferido Sua importante apresentação na Reunião do Milênio pela Paz Mundial, Ela concedeu à mídia uma oportunidade para Lhe fazer perguntas. Um dos jornalistas perguntou-Lhe o que Ela faria se fosse escolhida para ser líder do mundo, e Ela respondeu: "Não quero ser a líder do mundo, mas gostaria de ser uma vassoura. Eu varreria a mente de todos para que ficassem limpas."

Talvez achemos que nossa mente é limpa e que a Amma só precisa varrer a mente dos outros, mas quando temos que enfrentar circunstâncias difíceis é que temos um vislumbre natureza real de nossa mente.

A Amma conta uma história sobre um homem de sucesso. Além de dinheiro e fama, ele tinha muitos inimigos invejosos de seu sucesso. Um dia, durante um passeio, o cachorro do vizinho mordeu-o. Como era um animal de estimação, o homem pensou que não havia perigo de contrair raiva e não procurou ajuda médica. Alguns dias mais tarde, ele adoeceu e foi ao médico, que disse: "É tarde demais. O cão que o mordeu tinha raiva e você está em perigo de vida." Assim que escutou a notícia, o homem imediatamente tirou a agenda da maleta e começou a escrever. O médico ficou preocupado, pensando que não deveria ter dito ao paciente que a vida dele estava em perigo. Ao contrário, deveria ter tentado consolá-lo. Achou que o homem estivesse redigindo o testamento, e para animar o paciente, disse: "Não se preocupe, temos os remédios mais modernos. Tentarei salvar sua vida. Nunca perca a esperança. Não há necessidade de redigir o testamento agora."

O homem olhou para o médico e respondeu: "Doutor, eu não sou louco para querer escrever meu testamento agora. O senhor sabe que quando alguém é mordido por um cão raivoso, pode ser portador de uma doença mortal."

"Sim, e daí?" perguntou o médico.

O homem continuou: "Estou fazendo uma lista das pessoas que quero morder!"

Se formos perfeitamente puros, a Amma não precisará limpar nossas mentes, mas a maioria de nós precisa de Seu humilde serviço.

# O mestre prevê o futuro

Quando vim ao *ashram* pela primeira vez, tinha planos próprios para o meu futuro: ter um bom emprego, casar com uma jovem bonita e rica, construir uma casa grande etc. Durante um *Devi Bhava*, naquela época, a Amma apontou para mim e disse a um outro devoto: "Vá e sente-se ao lado daquele *brahmacharin*." Fiquei surpreso em escutar a Amma referindo-se a mim como um *brahmacharin*, pois eu nunca havia sonhado com isso. Achei que, no final das contas, a Amma não era onisciente como as pessoas pensavam. Achei que Ela estava completamente errada em Sua previsão.

Três anos mais tarde, o banco em que eu trabalhava aceitou meu pedido de transferência à minha cidade natal. Na verdade, a primeira razão pela qual eu havia ido procurar a Amma tinha sido para conseguir Sua benção para uma transferência rápida. Quando recebi a transferência, percebi que aquilo que a Amma havia dito sobre eu me tornar um *brahmacharin* provavelmente seria verdade.

Após a transferência, cada dia no banco era como anos para mim. Senti que não poderia trabalhar ali, eu não conseguia me concentrar e cometia muitos erros na contabilidade. Meus superiores se perguntavam o que havia de errado comigo. Eu sentia um enorme vazio em minha vida. Somente então, longe da Amma, percebi o poder de Seu amor incondicional. Achei que teria uma crise se não conseguisse vê-La imediatamente. Larguei o banco e minha cidade natal e corri ao *ashram,* sem nem mesmo informar meus chefes ou enviar um pedido de licença.

A Amma instruiu-me a voltar ao trabalho e conseguir uma transferência para uma agência do banco perto do *ashram.* Ainda se passaram alguns anos antes que Ela me permitisse pedir demissão do trabalho.

Finalmente, voltei ao *ashram* após conseguir uma transferência a uma pequena cidade vizinha, chamada Karunagappally. Durante o período em que eu havia trabalhado em minha cidade natal, meus pais pensaram que eu havia voltado à realidade e que logo esqueceria, de uma vez por todas, o *ashram* e a Amma. Quando pedi a transferência e voltei ao *ashram,* meus pais ficaram surpresos e tristes . Mais uma vez, tentaram encontrar formas de me levar de volta para casa.

Meu avô materno foi me visitar e tentou me convencer dizendo que, se eu voltasse para casa, ele me compraria um carro novo e uma linda casa. Consegui fazer com que ele partisse, dizendo que ficava muito grato por sua oferta generosa e que refletiria sobre ela.

Após alguns meses, recebi uma carta de casa dizendo que minha mãe estava seriamente doente no hospital e que eu deveria voltar imediatamente. Quando li a carta, fiquei preocupado. Levei a carta à Amma e a traduzi. Ela escutou pacientemente, mas não disse nada. Comecei a ficar inquieto, querendo que Ela me desse uma resposta definitiva. Após algum tempo, lembrei-A novamente sobre a carta. Em um tom ligeiramente irritado, Ela pediu-me para me calar. Fiquei ainda mais nervoso e agitado. Cheguei a pensar que a Amma poderia ter alguma intenção egoísta e por isso não me dava uma resposta nem me permitia ir para casa.

Nessa época, eu não compreendia que quando o mestre não responde a uma pergunta, o discípulo deve simplesmente desistir de perguntar sem fazer grande alarde. Decidi perguntar à Amma novamente no dia seguinte. Quando Lhe pedi uma resposta sobre a carta, Ela ficou muito séria e disse: "Ramakrishna, Eu quero lhe contar a verdade, goste você ou não. Eu não tenho nada a ganhar mantendo-o aqui no *ashram*. Se você ficar ou não, não faz diferença para mim."

"Primeiro, Eu não acho que sua mãe esteja tão doente quanto você imagina. Ela está definitivamente triste porque você está morando aqui. Tudo acabará bem. Porém, se você voltar para casa, talvez nunca mais volte. Também, se for para casa agora, estará perdendo a chance de que seus pais venham para a espiritualidade. Você pode decidir o que quer fazer. Estou somente lhe contando as conseqüências."

Essa é a beleza dos mestres. Eles não nos forçam a fazer nada. São plenos de amor, e o amor não pode forçar; tampouco pode ser violento. O amor só pode ser suave e gentil. No *Bhagavad Gita*, Krishna ministra todo o ensinamento contido no *Gita*, com mais de 700 versos, a Arjuna no campo de batalha. Após explicar e responder a todas as perguntas de Arjuna e esclarecer suas dúvidas, Krishna diz: "Eu lhe contei o que devia. Agora você pode fazer o que quiser." *("Yadecchasi tadha kuru.")*

Ao escutar a resposta da Amma, decidi não ir para casa, pois não queria ficar longe dela, nem ser o motivo para que meus pais não chegassem ao caminho espiritual. Como a Amma havia previsto, tudo acabou bem. Minha mãe não tinha um problema sério de saúde. Entretanto, meus pais ficaram ainda mais aborrecidos e furiosos porque lhes pareceu que eu havia escolhido não voltar para casa, embora tivessem me dito que minha mãe estivesse seriamente doente.

Apresentaram uma denúncia à polícia, dizendo que eu estava com problemas mentais e que o *ashram* estava me mantendo lá à força e me explorava. Os policiais foram verificar a queixa. Ao ver chegar uma equipe da polícia, os habitantes do vilarejo se reuniram esperando alguma notícia incrível e sensacional. Logo descobri que a polícia estava lá a minha procura. O oficial de polícia fez-me algumas perguntas e finalmente pediu-me para que eu me apresentasse na delegacia no dia seguinte.

Fizeram um interrogatório na presença do meu pai. Respondi a todas as perguntas do policial, que ficou satisfeito. Convenci-o de que estava no *ashram* por vontade própria e não pela coerção ou força de alguém. A queixa foi arquivada, o policial disse ao meu pai que eu estava bem e explicou que a polícia não poderia me obrigar a deixar o *ashram*.

Quando voltei, expliquei tudo à Amma. Senti pena do meu pai, mas eu também estava zangado com ele por ter criado uma cena no *ashram* levando a polícia até lá. Os habitantes do vilarejo haviam começado a espalhar boatos sobre a visita da polícia. Pedi à Amma para garantir que meu pai não repetiria isso no futuro, mas Ela apenas expressou amor por meus pais. Não estava aborrecida com eles. Pediu-me para não me zangar com meus pais. Disse-me que um dia meu pai viria para o *ashram*, se tornaria devoto e daria seu último suspiro com os nomes divinos nos lábios.

Mais uma vez, duvidei de Suas palavras. Eu não podia imaginar meu pai vivendo ali, muito menos se tornando um devoto, porque ele e minha mãe estavam furiosos com a Amma.

Após dois anos, meu pai, com alguns outros parentes, veio ao banco em que eu estava trabalhando e me obrigou a fazer um outro pedido aos diretores, para que eu fosse novamente transferido à minha cidade natal. Como eu não queria fazer um escândalo diante de tantos clientes, simplesmente assinei a carta pensando que, quando meu pai saísse, eu poderia cancelá-la. Assim, naquela noite, enviei uma segunda carta pedindo que a anterior fosse anulada.

Voltei ao *ashram* e informei à Amma o que havia acontecido no banco. Ela duvidou que os diretores considerassem minha segunda carta (a carta para cancelar meu pedido de transferência). Assim, aconselhou-me a enviar mais uma carta para ter certeza de que meu pedido de transferência seria cancelado. Eu Lhe disse que não seria necessário, pois já havia feito isso. Eu não queria continuar a enviar uma carta após a outra, mas logo paguei o preço por não considerar as palavras da Amma e por não fazer o que Ela havia me dito. Em poucos meses, minha ordem de transferência chegou, e recebi instruções de me apresentar imediatamente na nova agência. De alguma maneira, meu pai tinha conseguido obter uma ordem de transferência rápida. Mais tarde, a Amma disse-me que minha carta pedindo o cancelamento da transferência não tinha chegado aos diretores e que por isso Ela tinha pedido que eu enviasse outra. Mais uma vez fiquei aborrecido e furioso com meu pai, mas Amma disse que não tinha sentido zangar-me com meu pai por uma falta minha. Tive que admitir meu erro, mas lembrei a Ela que meu pai ainda não tinha vindo ao *ashram* e não tinha se tornado Seu devoto, como Ela havia previsto alguns anos antes. Se meu pai estivesse ali, esse problema não teria acontecido. A Amma respondeu-me que ele viria com certeza, mas que eu teria que ser paciente.

Eu queria pedir demissão do banco logo, pois não queria ir para a nova agência. A Amma insistiu que eu fizesse um pedido de licença longa ao invés de me demitir. Somente após algum tempo, Ela permitiu que eu me demitisse. Finalmente, o problema da transferência chegou a um fim definitivo.

Um dia, para minha surpresa, quase oito anos após a Amma ter dito que meu pai viria ao *ashram*, ele veio vê-La. Após o primeiro *darshan* com a Amma, meu pai mudou completamente. Ele começou a visitar o *ashram* com freqüência e recebeu seu mantra de iniciação da Amma. Assim, o que a Amma havia dito sobre ele havia se tornado realidade.

Sobre o fato de um *mahatma* conhecer a verdade sobre o futuro, a Amma diz: "O que um *mahatma* diz pode ser verdade ou não no momento em que fala, mas se tornará verdade, porque os *mahatmas* estão estabelecidos na Verdade." Não só o *mahatma* fala a verdade, a verdade segue as suas palavras.

Um dia, meu pai foi ao *ashram* para receber as bênçãos da Amma durante o *Devi Bhava*. Após o *darshan*, ele se afastou do palco e sentou-se e recitou os 108 Nomes da Amma. Quando estava saindo do templo, sentiu-se mal e sentou-se novamente. Pediu água, bebeu-a e, após alguns minutos, deu o último suspiro sem dificuldade. O devoto que lhe deu água contou-me mais tarde que meu pai estava recitando o nome da Amma. Ele estava também segurando o *prasad* da Amma nas mãos. O que Ela havia dito sobre ele realizou-se ao pé da letra. Mais tarde, a Amma me confirmou que ele havia recitado o mantra dela quando morreu. Disse-me que ele não teria que nascer novamente, pois havia se unido a Ela. Embora eu tenha ficado triste quando soube da morte do meu pai, fiquei feliz que ele tivesse falecido recitando o nome da Amma e que não precisaria nascer novamente.

Após alguns anos, também minha mãe foi para o *ashram* e agora ela é uma das residentes. Ela diz que está muito feliz por estar com a Amma e não precisa se preocupar com os filhos, netos e outros membros da família, pois todos se tornaram devotos da Amma. Ela sabe que a Amma cuidará deles.

## A vida no ashram

É comumente aceito que não é apropriado adotar um caminho espiritual enquanto se é jovem. As pessoas normalmente acham que a vida espiritual ou a vida do *ashram* deve ser adotada somente após a aposentadoria ou em um estágio final da vida. Esse conceito é incorreto. As escrituras dizem que, se você tiver um desinteresse sobre a vida mundana e sentir uma inclinação espiritual, pode assumir o caminho espiritual mesmo jovem. Mais do que a idade da pessoa, o que conta é o desinteresse das coisas e realizações do mundo e o ardente desejo de conhecer a Verdade. Após a aposentadoria, a pessoa pode não ser fisicamente capaz de se adaptar a uma forma de vida espiritual. Nessa idade pode ser difícil demais sentar-se em uma postura adequada para meditar ou encontrar energia para servir aos outros.

Quando os jovens indianos decidem entrar para o *ashram* da Amma, algumas vezes sofrem a oposição de suas famílias. As famílias indianas em geral são muito mais ligadas do que no Ocidente. Enquanto os jovens nos países ocidentais com freqüência saem de casa aos dezoito anos, os filhos na Índia normalmente vivem com seus pais até casarem. Não é incomum ver uma pessoa solteira de quarenta anos vivendo com os pais. Mesmo após casarem, muitos casais continuam a viver com os pais do marido.

Uma das principais razões porque meus pais não queriam que eu vivesse no *ashram*, além de seu amor e apego por mim, era por eu ser o filho mais velho. Normalmente, na tradição indiana, é o filho mais velho quem divide a responsabilidade da família com o pai. Quando o pai ou a mãe morrem, é normalmente o filho mais velho quem realiza os rituais funerários e os rituais regulares dos ancestrais. Além disso, eu ainda tinha duas irmãs solteiras. Meus pais ficaram preocupados que ninguém se apresentaria para casar com elas se soubessem que o filho mais velho havia se tornado um monge. É claro que muitas pessoas respeitam os monges, mas talvez não queiram que alguém da família se torne um monge. Muitos acham que se uma pessoa se torna monge ainda jovem, deve haver algo de errado com aquela pessoa ou com a família.

Imagine que alguém se case. Essa pessoa pode cuidar de uma família de quatro ou cinco pessoas. Porém se uma pessoa entra para o *ashram*, ela pode servir a um círculo de pessoas muito maior. A Amma dá o exemplo de um coco. Se usarmos um coco para cozinhar, ele pode ser suficiente para algumas pessoas. Mas se o coco for usado para plantar um coqueiro, ele dará muitos cocos que serão úteis para muitas pessoas. Mais plantas poderão brotar daquele coqueiro, produzindo uma colheita ainda maior.

Quando homens e mulheres entram para o *ashram* para se tornar *brahmacharins* ou *brahmacharinis*, o amor deles se expande. O exemplo de vida da Amma os inspira a se tornarem cada vez mais abnegados. Morar em um *ashram*, especialmente com um grande mestre como a Amma, definitivamente tem um efeito positivo. As pessoas que o fazem se tornam disciplinadas e cultivam muitas qualidades boas. Se os pais estão realmente interessados na felicidade e no caráter dos filhos, não há razão para desencorajá-los de entrar para o *ashram* da Amma. O *ashram* não ensina nada de prejudicial. De fato, muitos dos que chegam são transformados e começam a levar uma vida correta, quando não o fariam de outra forma. Assim, muitas pessoas que poderiam ter sido um problema para os pais e para a sociedade são colocadas no caminho certo pela Amma.

No meu caso, porque fiquei no *ashram* em vez de voltar para casa e para minha família, meu pais foram ver a Amma. Como resultado do encontro com Ela, eles certamente se beneficiaram muito, mesmo que inicialmente tenham ficado tristes e aborrecidos. Eles não teriam recebido esses benefícios se eu tivesse voltado para casa e ficado com eles.

Muitas pessoas perguntam aos *brahmacharins* se é certo viver no *ashram* sem cuidar dos pais. A Amma diz aos monges: "Se não houver ninguém para cuidar de seus pais, o *ashram* pode cuidar bem deles. Traga-os para cá." Mesmo quando os filhos adultos ficam com os pais, quantos podem cuidar bem deles quando envelhecem, especialmente após os filhos casarem? Também, na Índia muitos filhos adultos vão viver no exterior para trabalhar. Às vezes visitam os pais apenas a cada dois anos, mas seus pais não vêem nada errado nisso.

A Amma sabe que os pais, por seu apego aos filhos e pelas expectativas que têm, nem sempre vêem lógica em que seus filhos entrem para o *ashram*. Eles não entendem os benefícios potenciais não somente para os próprios filhos, mas para a sociedade como um todo. Alguns podem dizer que ao entrar para o *ashram*, os jovens não estão assumindo seus *dharmas* em relação à família e à sociedade. Mas essas pessoas ignoram o fato de que os aspirantes espirituais também têm seus *dharmas* e que, algumas vezes, esse *dharma* é maior ou mais importante do que outro, pois leva a uma vida de serviço e prática espiritual que, no final, beneficiará o mundo.

Imagine que um pai de família esteja no exército e surja uma guerra. Por mais amoroso que seja com sua esposa e filhos, ele terá que partir e lutar na guerra, porque esse é seu *dharma*. Ele talvez até tenha que entregar a vida, se a situação o exigir. Em tal situação, seu dever para com o país é mais importante que seus deveres para com a família. Assim, dependendo da situação, um *dharma* torna-se mais importante do que outro.

Naturalmente, a vida espiritual não é somente para *brahmacharins* e *brahmacharinis*. Há também muitos chefes de família que vivem em Amritapuri. Maridos, esposas e filhos estão dedicando suas vidas à prática espiritual e ao serviço ao mundo. Há também muitos que não podem viver em tempo integral no *ashram*, mas que passam lá todo o tempo que podem. E há os devotos da Amma em todo o mundo, servindo-A em suas comunidades por meio dos *ashrams*, dos centros, dos grupos de *satsangs*, tentando converter cada uma de suas ações em culto à Amma. Por meio de contribuições financeiras e de muito trabalho, os filhos da Amma que são chefes de família ajudam a manter o *ashram* e muitas de Suas atividades beneficentes. A Amma diz que algumas vezes são Seus filhos chefes de família, imersos nas responsabilidades terrenas e incapazes de passar algum tempo com Ela fisicamente, que estão realmente desfrutando de Sua presença interior, pois seus corações são plenos de saudade e suas mentes estão sempre unidas a Ela.

Uma pessoa pode ser um *brahmacharin* ou um chefe de família, desde que tenha um desejo sincero de atingir a meta e que tenha um *satguru* como a Amma como guia poderá alcançar a realização do Ser Superior. De fato, muitos dos antigos santos e sábios eram chefes de família. Depende de cada um de nós, onde quer que estejamos e o que quer que façamos, avançar ao longo do fio da navalha.

## Uma oportunidade abençoada

*"Quero que minha vida seja como um bastão de incenso que se queima oferecendo fragrância ao mundo. Eu quero dar meu último suspiro enxugando as lágrimas de uma pessoa e consolando-a em meu ombro."*

Amma

A Amma vive toda a Sua vida, dia e noite, para o bem de Seus filhos. Ela sempre quer passar o tempo conosco e usá-lo para nós. Durante meus 25 anos de associação com Ela, posso contar nos dedos o número de dias em que Ela não tenha dado *darshan*. A Amma viaja por todo o mundo e nunca tira férias, nunca usufrui do luxo de passear ou se divertir.

A Amma dorme no máximo uma ou duas horas por noite, independentemente de onde está no mundo. Ela, com freqüência, não chega a dormir. Sempre que não está dando *darshan*, está atendendo às necessidades da crescente rede de atividades benevolentes e outras instituições, reunindo-Se com autoridades do governo e com outros dignitários que pedem audiência, liderando Seus filhos nos cantos dos *bhajans* todas as noites e dando conselhos aos mais de dois mil residentes do *ashram* em questões de progresso espiritual e problemas pessoais. Mesmo depois disso tudo, Seu dia não acabou. Todas as noites, a Amma passa horas lendo as cartas dos devotos. Quando um jornalista em Nova York perguntou-Lhe sobre o segredo de não se cansar mesmo após dar *darshan* aos devotos por tantas horas, a Amma respondeu: "Eu estou conectada com a fonte eterna de energia e não a uma bateria que perde a carga toda vez que é usada."

A Amma diz que Ela quer aliviar a dor e o sofrimento de todos no mundo. Porém como não será fisicamente possível para Ela ajudar e consolar cada pessoa no planeta, Ela quer que cada um de nós se torne Suas mãos, alcançando aqueles que precisam. Na verdade, a Amma quer que cada um de Seus filhos se torne uma outra Amma, difundindo a luz do amor incondicional e da compaixão em todo o mundo. Ela diz que quer que nós cresçamos a tal ponto que até mesmo o vento que tocar nosso corpo será benéfico aos outros. Cada momento de Sua vida é dedicado a essa meta.

Como filhos da Amma, somos abençoados em ser contemporâneos da Amma e por ter fé nela. É nossa responsabilidade e nossa alegria solidificar ainda mais essa fé de todas as formas possíveis. Recorra constantemente à série de experiências positivas que você e outros tiveram com a Amma para reforçar a fé nela. Cada experiência tem uma mensagem diferente para nossa vida.

A simplicidade e humildade da Amma ocultam Sua grandeza. Seu amor não corrompido nos deixa tão confortáveis e à vontade que A tomamos como uma pessoa comum. De vez em quando, como o raio de luz de um relâmpago, nós nos lembramos de Sua grandeza. Em outros momentos temos que contemplar e meditar em Sua divindade, pois, caso contrário, Seu amor maternal, cuidado e preocupação poderão facilmente nos distrair. Precisamos desse amor e afeição para nosso crescimento espiritual, mas se ele nos arrebatar, há uma possibilidade que venhamos a perder Sua grandeza, da mesma forma que Arjuna, que durante muito tempo considerou Krishna simplesmente como amigo. Aos olhos do mundo, a Amma não parece ser mais do que um ser humano amoroso. Ela usa essa aparência para ocultar Sua grandeza. Embora aja como se não soubesse de muitas coisas, Ela sabe tudo. A Amma já comprovou isso em muitas ocasiões. Na verdade, Ela é a encarnação de Parashakti, o Poder Supremo, a Divina Mãe do Universo.

Vamos tentar usar plenamente essa oportunidade magnífica. Quer alcancemos ou não a meta da realização do Ser Superior nessa vida, o progresso espiritual que fizermos permanecerá conosco. Se, por acaso, não atingirmos a meta nessa vida, poderemos recomeçar de onde paramos na próxima vida, não precisaremos começar tudo novamente. Assim, lembremos da Amma com amor e anseio e persistamos em nossas práticas espirituais com paciência, entusiasmo e fé otimista. Dessa forma, poderemos sempre sentir a presença da Amma, se estivermos fisicamente perto ou longe dela, e finalmente nos unirmos aos Seus pés de lótus.

### Om Amriteswaryai Namah

# Glossário

**Adharma** – Iniqüidade. O oposto de *dharma*.

**Adhi bhautikam** – Perturbações que experimentamos no mundo em nossa volta.

**Adhi daivikam** – Perturbações advindas das forças naturais.

**Adhyatmikam** – Perturbações internas.

**Advaita** – A filosofia da não-dualidade.

**Ahamkara** – Ego ou "o sentido de existência em separado do resto do Universo".

**Arjuna** – O terceiro dos cinco irmãos Pandava. Um grande arqueiro, um dos heróis do *Mahabharata*. É com Arjuna que Krishna conversa no *Bhagavad Gita*.

**Arrta** – Pessoas que sofrem.

**Artharthi** – Pessoas que buscam riquezas ou a satisfação de seus desejos.

**Asana** – Postura da Hatha Yoga.

**Atman** – O Eu Superior (Self) ou a Consciência.

**Atma jnana** – O conhecimento do Eu Superior.

**AUM** – Também "OM". De acordo com as escrituras védicas, esse é o som primordial no Universo. Todos os outros sons surgem a partir do Om e retornam ao Om.

**Avadhut** – Um santo cujo comportamento não corresponde às normas sociais.

**Ayurveda** – O antigo sistema tradicional indiano de medicina.

**Bhagavad Gita** – "Canção do Senhor". Bhagavad = do Senhor, Gita = canção. Os ensinamentos que o Krishna ministrou a Arjuna no campo de batalha de Kurukshetra, no começo da batalha no *Mahabharata*. É um guia prático para a vida cotidiana e contém a essência da sabedoria védica.

**Bhagavatam** – Livro que descreve as vidas de dez encarnações do Senhor Vishnu, especialmente Krishna e as travessuras em Sua infância. Ressalta a supremacia da devoção como um caminho para a união com Deus.

**Bhajan** – Canção devocional.

**Bhakti** – Amor e devoção espirituais.

**Bhava** – Atitude ou humor divino (ver *Devi Bhava*)

**Bhiksha** – Donativo.

**Bhishma** – Avô dos Pandavas e dos Kauravas. Embora lutasse no lado dos Kauravas, durante a guerra do *Mahabharata*, era um campeão de *dharma* e favorável à vitória dos Pandavas. Depois de Krishna, ele é o mais importante personagem no Mahabharata.

**Bhoga** – Desfrute dos prazeres dos sentidos.

**Brahmacharin** – Discípulo celibatário do sexo masculino que pratica disciplinas espirituais e que geralmente está sendo treinado por um mestre espiritual. *Brahmacharini* é o correspondente feminino.

**Brahmasthanam, Templos** – Criados pela intuição da Amma, estes templos únicos são os primeiros a mostrar múltiplas deidades em um só ícone. O ícone possui quatro lados, mostrando Ganesha, Shiva, Devi e Rahu, enfatizando a unidade inerente subliminar aos muitos aspectos do Divino. Há dezesseis desses templos em toda a Índia e um nas Ilhas Maurício.

**Brindavan** – O lar da infância de Krishna, onde se passou a maior parte de Sua *lila* (brincadeira divina).

**Chapatti** – Pão achatado e redondo semelhante a um pão árabe.

**Danam** – Caridade.

**Darshan** – Audiência ou visão do Divino ou de uma pessoa santa.

**Dipavali** – "Festival das Luzes", também chamado de Diwali. Primeiramente celebra o retorno de Rama para Ayodhya depois de quatorze anos de exílio, mas também tem outras associações. Em algumas partes da Índia, é a celebração de Lakshmi, Sarasvati e Durga. Significa a vitória da luz sobre a escuridão.

**Devi** – Deusa. A Divina Mãe.

**Devi Bhava** – "O Divino Estado de Devi". O estado no qual a Amma revela Sua unidade e identidade com a Divina Mãe.

**Dharma** – Em sânscrito, *dharma* significa "aquilo que sustenta (A Criação)". É mais comumente usado para indicar aquilo que é responsável pela harmonia do Universo. Outros significados são: virtude, dever, responsabilidade.

**Gopi** – As *gopis* eram vaqueiras e leiteiras que viviam em Brindavan. Eram as devotas mais próximas de Krishna, conhecidas pela suprema devoção ao Senhor. Foram um exemplo do mais intenso amor por Deus.

**Guha** – O barqueiro que levava Rama pelo Rio Ganges.

**Haridwar** – Cidade sagrada de peregrinação no sopé dos Himalaias.

**Janaka** – Antigo rei da Índia, conhecido por ter realizado Deus sem com isso ter negligenciado seu dever terreno de governar o reino.

**Japa** – Repetição de um mantra.

**Jijnasu** – Pessoa que é sinceramente interessada no conhecimento, especialmente o relacionado com a Verdade ou Deus.

**Jnana danam** – Oferecer o conhecimento como caridade

**Jnani** – Uma pessoa que realizou Deus ou o Eu Superior. Aquele que conhece a Verdade.

**Kalari** – Pequeno templo em que a Amma oferecia *Krishna Bhava* e *Devi Bhava* no início do *ashram* e onde até hoje são conduzidos *pujas* diários.

**Carma** – Ação ou feito. Também a cadeia de efeitos que nossas ações produzem.

**Karna** – Rei do *Mahabharata*, considerado uma das pessoas mais caridosas da história.

**Katha Upanixade** – Um dos Upanixades principais, em que um jovem viaja para encontrar Yama, o Senhor da Morte. Yama responde às perguntas do rapaz sobre o Eu Superior.

**Kauravas** – Os cem filhos de Dhritharasthra e Gandhari, dos quais o iníquo Duryodhana era o mais velho. Os Kauravas eram inimigos dos primos, os virtuosos Pandavas, contra quem lutaram na Guerra do *Mahabharata*.

**Krishna** – A principal encarnação de Vishnu. Nasceu em uma família real, mas cresceu com pais adotivos e viveu como um jovem vaqueiro em Brindavan, onde era amado e adorado por Seus companheiros devotados, as *gopis* e os *gopas*. Mais tarde, Krishna se tornou governante de Dwaraka. Era amigo e conselheiro dos primos, os Pandavas, especialmente de Arjuna, a quem serviu como condutor da charrete durante a Guerra do *Mahabharata* e a quem revelou Seus ensinamentos na forma do *Bhagavad Gita*.

**Lila** – Brincadeira divina.

**Mahabharata** – Um dos dois grandes épicos históricos da Índia, sendo o outro o Ramayana. É um grande tratado sobre o *dharma* e a espiritualidade. A estória trata principalmente do conflito entre os Pandavas e os Kauravas e da grande batalha em Kurukshetra. Contendo cem mil versos, é o épico mais longo do mundo, escrito por volta de 3.200 AC pelo sábio Vyasa.

**Maitri** – Cordialidade para com todos os seres.

**Mamakara** – Ligação emocional possessiva. A impressão de propriedade ou de posse (isso é meu).

**Mata Amritanandamayi** – Nome monástico oficial da Amma, que significa "Mãe da Bem-Aventurança Eterna".

**Moksha** – Liberação espiritual final.

**Mon** – "Filho" em malaiala. A Amma costuma sussurrar essa palavra no ouvido de Seus filhos do sexo masculino enquanto dá o *darshan*. *Mol* significa "filha".

**Monte Kailas** – Situado nos Himalaias, o monte Kailas é um dos mais sagrados locais de peregrinação. Tradicionalmente é referido como sendo a morada de Shiva em algumas escrituras hindus.

**Mudra** – Gesto físico com significado espiritual, geralmente expresso com as mãos.

**Namadev** – Um devoto ardente do Senhor que alcançou as grandes alturas da Realização de Deus.

**Om Amriteswaryai Namah** – Mantra sagrado para os devotos da Amma, que significa: "Saudações à Deusa da Imortalidade (Amma)".

**Om Namah Shivaya** – Poderoso mantra que significa "Eu me prostro diante do Eternamente Auspicioso".

**Pandavas** – Os cinco irmãos, Yudhisthira, Bhima, Arjuna, Nakula e Sahadeva, filhos do rei Pandu e heróis do épico *Mahabharata*.

**Pappadam** – Pão fino, redondo e crocante.
**Paramartika Satta** – Realidade absoluta.
**Parashakti** – O Supremo Poder.
**Parvati** – Consorte do Senhor Shiva.
**Patanjali** – Antigo sábio indiano, mais conhecido por seus famosos *Yoga Sutras*.
**Prarabdha** – Os frutos das ações de vidas anteriores que o indivíduo está destinado a experimentar na vida presente.
**Prasad** – Oferta ou presente abençoado vindo de uma pessoa sagrada ou templo, geralmente na forma de alimento.
**Pratabhasika Satta** – A realidade aparente.
**Puja** – Adoração ritualística ou cerimonial.
**Rama** – Herói divino do épico Ramayana. Uma encarnação de Vishnu, é considerado o ideal do *dharma* e da virtude.
**Rishi** – Sábios ou videntes Auto-Realizados que experimentaram a Verdade Suprema e expressaram essa visão por meio da composição dos mais antigos e sagrados textos indianos, os Vedas.
**Sadhana** – Prática espiritual.
**Samadhi** – Unidade com Deus. Um estado transcendental no qual se perde toda a sensação de identidade individual.
**Sanatana Dharma** – "A Eterna Forma de Viver". O original nome tradicional para o Hinduísmo.
**Sankalpa** – Decisão Divina.
**Sannyasin** – Monge que tomou votos formais de renúncia (*sannyasa*). Um *sannyasin* tradicionalmente usa uma veste de cor ocre representando a queima completa de todos desejos. O equivalente feminino é *sannyasini*.
**Satguru** – Mestre espiritual Auto-Realizado.
**Satsanga** – Sat = verdade, ser; Sanga = associação com. Estar na companhia de *mahatmas*; também ouvir uma conversa ou discussão espiritual.
**Seva** – Serviço voluntário dedicado a Deus.
**Shanti** – Paz.
**Sita** – A consorte sagrada de Rama. Na Índia, é considerada o ideal da feminilidade.

**Srimad Bhagavatam** – Ver *Bhagavatam*. Srimad significa "auspicioso".

**Sudama** – Brâmane piedoso e amigo de infância de Krishna.

**Sudhamani** – Nome original da Amma, que significa "Jóia Pura".

**Tabla** – Pequeno tambor indiano.

**Tantra** – Sistema de adoração para se conseguir as bênçãos de um poder superior. A ênfase é colocada nos mudras mais do que nos mantras.

**Tapas** – Austeridades, disciplinas.

**Tiruvannamallai** – Cidade aos pés do sagrado monte Arunachala, no sul da Índia, no estado de Tamil Nadu, onde viveu o famoso santo Ramana Maharishi.

**Tulsidas** – Santo e poeta indiano, bem conhecido por sua composição do Ramayana em híndi.

**Udarah** – Nobre.

**Upanixade** – As porções finais dos Vedas que lidam com a filosofia do Não-dualismo.

**Vasana** – Tendências latentes ou desejos sutis dentro da mente que se manifestam como ações ou hábitos.

**Védico** – Que vem dos ou que se refere aos Vedas.

**Vyavaharika Satta** – Realidade relativa.

**Yagna** – Adoração sem expectativa de ganho pessoal.

**Yagnavalkya** – Grande sábio que aparece como um importante professor nos Vedas e nos Upanixades. Era o guru do rei Janaka.

**Yashoda** – Mãe adotiva de Krishna.

**Yoga** – "Unir". União com o Supremo Ser. Um termo abrangente que também se refere aos vários métodos práticos por meio dos quais se pode obter a unidade com o Divino. Um caminho que leva à Auto-Realização.

**Yogi** – aquele que alcançou o último estágio de Yoga.